LES POYPES

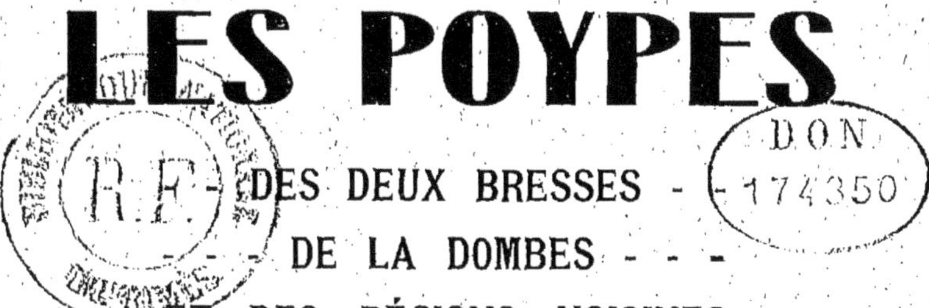

DES DEUX BRESSES - - DE LA DOMBES - - - ET DES RÉGIONS VOISINES

Synthèse descriptive,

historique et géographique

PAR

J. HANNEZO

Correspondant du Ministère de l'Instruction publique,
Membre titulaire de l'Académie de Mâcon
Membre associé national de la Société des Antiquaires de France
Officier d'Académie, etc.

(Mâcon - 5. Rue Belair)

1919 - 1920

Mémoire adressé
au 53ᵉ Congrès des Sociétés Savantes de France
à Strasbourg
et commenté dans la séance du 25 mai 1920

INDEX

INTRODUCTION

La poype, tumulus de terre conique spécial aux régions de Bresse et de Dombes, est très peu connue du public instruit, même de certains érudits; en dehors de leur sphère topographique, ces monuments curieux n'ont fait l'objet d'aucune étude sérieuse, et même dans l'intérieur de leur cadre, n'ont donné lieu qu'à des notes éparses; le premier savant qui traita la question d'une façon plus ouverte et plus large, fut l'abbé Marchand, au Congrès préhistorique de France, à Autun, en 1907, puis dans les Annales de la Société d'Emulation de l'Ain.

Déchelette, dans son Manuel d'Archéologie, *tome II, p. 630, n'a malheureusement pas revu cette question avec le soin d'analyse, de consciencieux examen qu'il a apporté à toutes ses recherches; il s'est borné à reprendre la théorie Marchand et à « considérer comme définitives ses conclusions ». Or, pour quiconque a dépouillé toutes les notes bibliographiques émises sur les poypes, qui a pu se rendre compte sur place de la tendance à une certaine orientation, qui en a suivi les différentes fouilles et établi une synthèse dans le genre de celle que nous essayons en ce modeste travail, il n'y a pas de doutes que l'abbé Marchand s'est complètement mépris sur l'origine réelle des cônes de terre bressans en les datant du haut moyen âge; la poype a pu devenir quelquefois une motte féodale, mais elle a été, au début de son existence, « tout autre chose ». Son rôle, « sans excès d'honneur ni d'indignité », fut un rôle humain; elle a évolué en même temps que l'humanité, et nous osons ici affirmer, devant l'ombre glorieuse du grand archéologue que la France a perdu trop tôt, que Déchelette aurait sûrement modifié son premier coup d'œil sur le mystère des poypes, jugement réduit d'ailleurs à l'état de simple note annexe. Quelle fierté nous eussions éprouvée à voir cette haute valeur scientifique se rallier à nos convictions personnelles!*

CHAPITRE PREMIER

Forme et caractère des Poypes, leurs voisinages

A) La poype est une montagnette, une butte artificielle, un tertre factice; à ce point de vue, elle diffère souvent de la motte féodale, qui n'est pas toujours artificielle, les donjons du moyen âge (dunio) recherchant des positions élevées naturelles, avant de recourir à un exhaussement de terrain artificiel.

B) La poype primitive des Bresses et de la Dombes a été construite en *terre*; les rares soubassements en gros blocs de pierre posés l'un sur l'autre et encastrés sans mortier rappellent les monuments pélasgiques, ce qui infirme la doctrine de l'abbé Marchand; quant aux substructions en pierres de taille, comme celles de la grande Poype de Villars, elles remontent à peine au xiie ou xiiie siècle, ce sont des travaux féodaux exécutés *après coup*.

C) La forme est toujours *conique* : cône pointu, arrondi ou tronqué; à notre avis, cette dernière dépression au sommet, imitant une plate-forme, n'est point le type primitif, car le cône pointu ou arrondi nous semble le rappel de l'antique cabane asiatique, étrusque, ombrienne, gauloise, une pâle reproduction de la pyramide égyptienne, ou le relief ordinaire, en grandes dimensions, de la butte de terre servant de borne indicatrice aux tribus nomades.

D) La poype de terre se retrouve toujours *en plaine*, sur des sols alluvionnaires, humides, dans des régions d'étangs, telles que la Dombes, quelquefois sur de petits plateaux de même composition géologique, où la pierre manquait; pareils monuments ont été relevés sur des sols identiques en Danemark, Suède, Frise, Mecklembourg, Prusse, etc.

E) Quelques poypes étaient ou sont encore recouvertes d'arbres, mais c'est une exception.

F) La plupart de ces monticules sont entourés de *fossés*, un, deux, quelquefois même trois rangs concentriques; ces fossés, surtout dans la Dombes, pays d'étangs, ne manquent jamais d'eau. L'existence de ces moyens précieux de défense a été, cela va sans dire, le principal argument des protagonistes de la poype strictement féodale, mais comment, à simple réflexion, ne pas évoquer la comparaison entre l'établissement de ces buttes avec nos travaux modernes de remblais de route ou de chemins de fer; la terre prise sur un sol plan pour le relever entraîne fatalement la formation d'un creux qui sera en relation de profondeur avec la hauteur du relèvement créé; le fossé de la poype fut la conséquence naturelle et obligatoire des pentes que les primitifs donnèrent à son sommet jusqu'au sol remué.

G) La *hauteur* des poypes a varié de 10 à 25 mètres; leur diamètre entre 50 et 150 mètres. La grande majorité de celles qui nous restent n'atteint plus que 3 à 4 mètres; quelques-unes, bouleversées par les propriétaires voisins, ne présentent plus aucun de leurs caractères premiers.

H) Les débris extérieurs qu'on a relevés sur les plates-formes sont en général des ruines de petits châteaux-forts, principalement dans la Dombes; ces restes deviennent plus rares dans la Bresse de l'Ain et disparaissent presque totalement dans la Bresse chalonnaise (nouvelle objection à la théorie Marchand). Nombreux sommets ont été indemnes de constructions féodales, mais plusieurs ont reçu des « masures », habitations paysannes provisoires qui, selon Aubret *(Mém. de Dombes)*, étaient toutes presque démolies ou abandonnées au XVIIe siècle. Désiré Monnier *(Ann. du Jura*, 1860) signale sur d'autres des grosses briques cuites d'époques indéterminables. On a aussi remarqué quelques croix, mais dans une proportion beaucoup plus rare que sur les menhirs bretons; d'après les traditions, cet emblème chrétien rappelait un cimetière d'enfants mort-nés

Voisinages

Nous attirons l'attention des érudits sur divers faits caractéristiques : 1° le contact immédiat des poypes avec une aiguade, source vive, bord de rivière ou ruisseau, rive d'étang; 2° leur rattachement à des séries secondaires de buttes de terre peu élevées, dénommées *molards* ou *mollards*, qui existent encore ou dont l'ancienne existence est rappelée par les lieux-dits cadastraux; 3° un phénomène identique pour certaines pierres levées, telles que la Pierre Thorion de Grièges, reliée aux poypes (les Papes) par d'autres bornes de jalonnement, qui ont été enterrées et conduisaient à des gués de la Saône; 4° la fréquence de lieux-dits « Sale, Salles, Salettes » à proximité d'une poype, nom qui réveille le souvenir des Salles gauloises, enceintes sacrées au milieu des bois, où se tenaient les réunions secrètes d'ordre politique et religieux. Le grand Cromlech de Ronno, massif de Tarare, révèle, par exemple ses ruines sur un lieu-dit « Les Salles ».

N'oublions pas non plus les murgers, meurgets, mures, meurots, murrets, meurs en patois, qui suppléaient les molards et les pierres fichées comme lignes de direction.

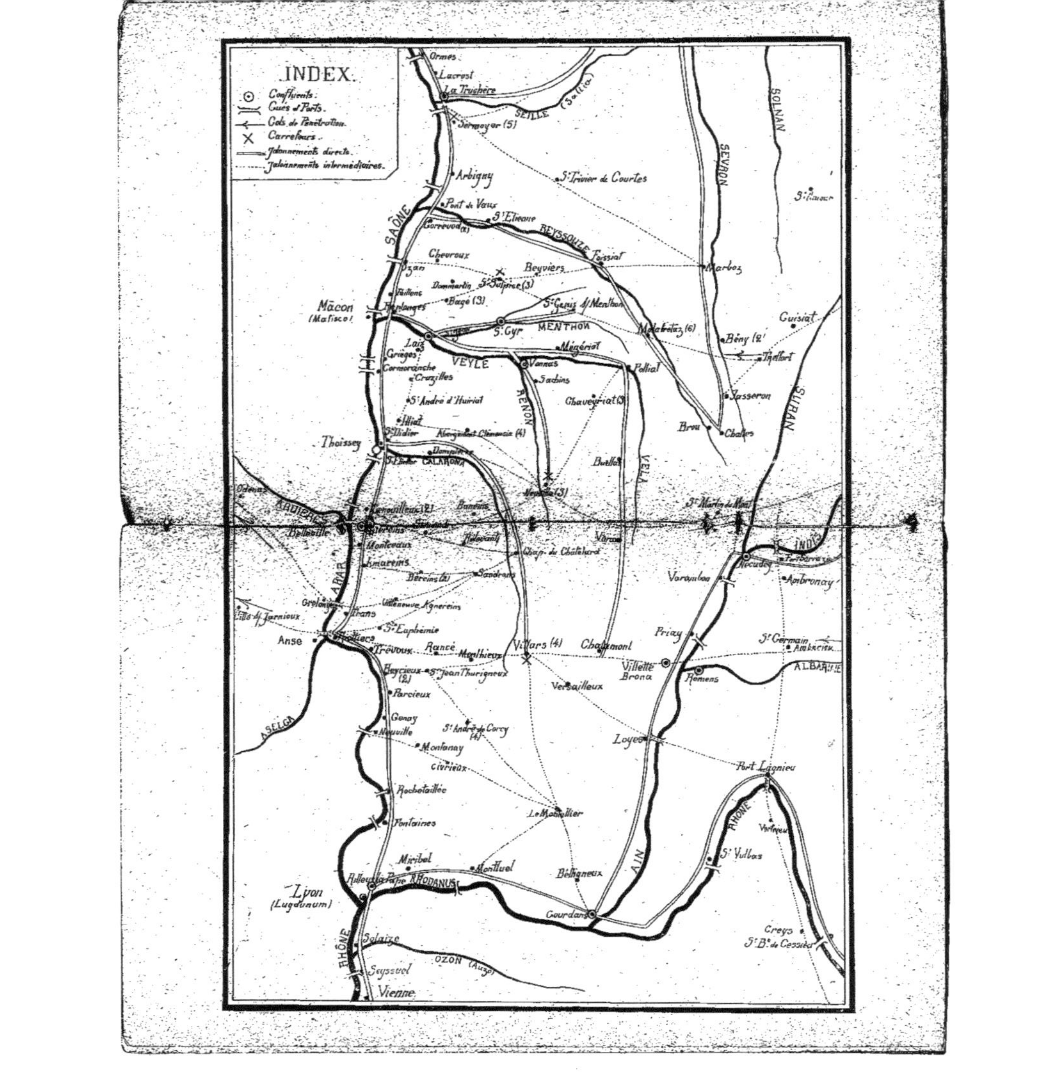

INDEX.
Confluents
Gués et Ports
Cols de Pénétration
Carrefours
Jalonnements directs
Jalonnements intermédiaires
Ormes
Lacrost
La Truchère
SEILLE (Salica)
SOLNAN
SEVRON
Sermoyer (5)
Arbigny
St Trivier de Courtes
St Cisac
Pont de Vaux
St Etienne
Gorrevod (2)
SAÔNE
REYSSOUZE Foissiat
Chevroux
Beyviers
Marboz
Ozan
St Sulpice (3)
Dommartin
St Genis d'Menthon
Guisiat
Vallant
Bagé (3)
Malafretaz (6)
Bény (2)
Mâcon
Replonges
MENTHON
St Thellier
(Matisco)
St Cyr
Mézériat
Lais
Vonnas
Polliat
Granges
VEYLE
Sadins
Sasseron
Cormoranche
RENON
Crozilles
Chaveyriat (0)
St André d'Huiriat
Brou
Chalers
Hliat
SURAN
St Didier
Abergement Clémencia (4)
Thoissey
Dompis
VELA
St Jean le Calasona
Buella
Ozenas
Arignas (3)
St Martin du Mont
Reneuilleux (2)
Baneins
Belleville
Chaleins
St Maige
Montceaux
Chazey le Chatelard
Varax
INDE
Lurmartins
Cheignieu
La Barre
Bércins (2)
Savaron
Varambon
Ambronay
ARAR
Villeneuve Kgneraix
Grelongex
Jassans
St Euphémie
Villars (4)
Chalamont
Priay
Anse
Jaillecs
Trévoux
Rance
Monthieux
St Germain Ambérieu
Beycieux (2)
St Jean Thurigneux
Villette
ALBARINE
Parcieux
Versailleux
Brona
Flemens
Gonay
St André de Corey (4)
Loyes
SELGA
Neuville
Montanay
civrieux
Port Ligneux
Rochetaillée
Le Montellier
RHÔNE
Vurlieux
Fontaines
St Vulbas
Miribel
Montluel
Belligneux
AIN
Rillieux la Pape RHODANUS
Lyon
Courdans
(Lugdunum)
Creys
St Bt de Cessieu
Solaize
RHÔNE
OZON (Ause)
Seyssuel
Vienne

CHAPITRE II

Origine et utilisation des Poypes
au cours des âges jusqu'à nos jours

Epoques primitives. — La poype doit sa construction de terre aux premiers migrateurs qui, venant de l'Orient par petits paquets d'hommes, préparaient les étapes pour les arrivées successives de leur tribu; ils suivaient les rivières, débouchaient d'un bassin dans l'autre par les cols de pénétration, y posaient des marques de pierre brute là où la roche affleurait et creusaient le sol, pour en former des monceaux coniques de terre, assez élevés et visibles au loin, dans les régions alluvionnaires.

Un savant américain, John Finlay, a écrit sur ces premières pistes la phrase suivante : « Qui a créé le chemin? Les animaux. Qui l'a continué après les animaux? Le chasseur, le coureur de bois; après lui vient le bûcheron, le colon. » Dans notre Gaule bressane, les chasseurs d'ours, de buffles, de rennes, de la période paléolithique ont probablement placé les premiers menhirs et murgers en laissant à côté quelques silex taillés; les hommes de la pierre polie, dont quelques spécimens ont été retrouvés près des poypes, quelquefois même dans leur revêtement gazonné, élevèrent ces gros jalons de terre argileuse; puis vinrent, à l'âge du bronze, à cette période que de Mortillet a si heureusement qualifiée de tsiganienne, les bandes de nomades, avec leurs ateliers dé fondeur de cuivre, leurs lances et haches de bronze; ils prirent les poypes pour lieu de halte et d'étapes, on s'installèrent dans des îlots, comme celui du gué de Grelonges (1).

Quoi qu'il en soit, rien ne témoigne, à ces époques primitives, d'une destination funéraire; la poype n'a jamais été un tombeau. Au contraire, la recherche des sources toujours voisines, le défrichement des forêts et l'établissement de clairières (Salles) de campement prouvent l'intérêt qu'apportaient les immigrants à se créer une étape de ressources et d'emplacement commode.

Dire la race, les tribus qui ont fondé les premières poypes serait une témérité; elles appartiennent à l'humanité, car on retrouve des buttes de même type en Danemark, en Scandinavie, en Prusse et jusque dans l'Amérique du Nord; on a découvert là-bas des

---

(1) Près de Frans (Ain). V. chap. IV.

haches en silex, des armes de bronze, des débris de poteries, des fibules, mobilier préhistorique analogue à celui de l'Europe; les poypes américaines sont aussi situées en plaines humides et se lient entre elles par un système de jalonnements. On en a signalé dernièrement dans le Nord de la Chine et la Corée. Dire l'âge de nos poypes présente autant de difficultés que de déterminer leurs fondateurs. Steyert (1), que nous aimons à citer pour ses vues droites et originales, écrit « qu'il ne faut pas trop vieillir ces restes précieux, mais ne pas trop les rajeunir ».

Epoque liguro-celtique. — Les Ligures, qui ont précédé les Celtes, durent utiliser dans leurs incursions les jalonnements des poypes; en Provence, où se sont formés leurs derniers établissements, quelques cônes classiques ont été relevés, entre autres celui du col du Rouet, à l'est de Draguignan, composé de terre et de gros blocs de pierre, atteignant quatorze mètres de haut et borne indicatrice vers l'Estérel; on l'apercevait de très loin.

Les Gaulois sûrement ont utilisé les poypes comme postes d'observation; nous pensons qu'ils ont été les premiers à les violer dans leur forme sacrée, c'est-à-dire à les décapiter pour faire des signaux de feu et d'appel sur leurs nouvelles plates-formes.

Epoque romaine. — Les Romains, très pratiques, ne manquèrent pas de se servir des plates-formes décapitées; ils y établirent des tours de veille *(speculæ)* en bois ou en briques légères; les nombreux débris de tuiles à rebord ou plates, d'armes, monnaies et médailles recueillis au pied des buttes de Dombes ou des rives de la Saône, les traces de castramétation voisine, le passage des voies pavées à proximité, confirment cette assertion. César connaissait, pour les avoir rencontrées dans sa poursuite des Helvètes, nos poypes de l'Arar et il semble les avoir imitées en créant dans certains cas des collines factices. Les poypes éloignées des grandes voies romaines ont moins souffert de bouleversements militaires, ce qui paraît une preuve de plus en faveur de leur antériorité à la conquête latine.

Quelques historiens locaux, hantés du souvenir de Vercingétorix et partisans d'Izernore-Alésia, ont prétendu que les poypes du Louhannais et même de la Bresse bressane étaient des tombeaux gaulois ou romains, le long du parcours de poursuite; l'absence d'ossements humains abondants, dans ces buttes, réfute cette théorie qui n'explique pas d'ailleurs l'existence de celles éloignées du cadre des batailles présumées.

Epoque féodale (2). — La tradition sacrée des poypes, leur adaptation guerrière par les Gallo-Romains éveillèrent fatalement

---

(1) Hist. de Lyon.

(2) M. Camille Jullian, le savant historien des Gaules, croit aussi comme nous « qu'il faut renoncer à voir dans les mottes dites féodales une création pure et simple du haut moyen-âge »; il pense que l'essentiel était gaulois, que les Carolingiens ont utilisé les poypes, mais ne les ont pas bâties. (*Revue des Etudes anciennes*, juillet 1920.)

les convoitises des seigneurs francs et burgundes; à dater du
x⁰ siècle, on voit apparaître sur leur sommet, leurs pentes ou
dans leur voisinage immédiat, des châteaux, maisons fortes (*castrum, castellum, domus fortis, forteressia, fortalitia*, châtelard, châtelet, etc.); la tour romaine est remplacée par le donjon, les fossés
sont doublés ou triplés; quand le seigneur est riche, une cour
entoure ces fossés intérieurs; un pourpris, des habitations pour
chefs, soldats et serviteurs se groupent en dedans d'une nouvelle ligne de murailles. Généralement, la poype faisait l'objet d'un
fief, mais les droits dont il était investi ne comportaient nulle-
ment la nécessité d'un château ni d'une tour; il suffisait d'une
enceinte de fossés. Ducange l'exprime clairement : « *Exstant in
Bressiæ et Dombarum provinciis plurima castrorum in poypiis
extructorum* rudera *quibus assignata quondam maxima privilegia
et jura* adhuc vigent. » Collet et Aubret ajoutent que « toutes les
poypes ont de fort beaux droits ». Il faut donc se méfier des
traductions médiévales : « *Poipia seu castrum; poipia seu mota* ».
La poype n'est pas toujours un château ni une motte; la poype
est plus antique que la motte. L'abbé Marchand a commis ainsi
la même erreur que certains celtisants qui attribuent au *dun* gaulois la signification d'*oppidum* fortifié; *dun* représente la colline
élevée, qu'elle soit défendue par une ligne de retranchements ou
de murailles, ou bien nue et vide de tout appareil guerrier.

En fait, il nous reste l'exemple de plusieurs types de poypes :
1⁰ La poype gazonnée, conique encore, sans aucune garniture
autre que son fossé; 2⁰ La poype centrale, nue, encastrée dans
un château; 3⁰ La poype centrale du château, munie d'un donjon-
citadelle imitée de l'*arx* romaine; 4⁰ La poype évidée, creusée
par les fondations de son château, avec caves et souterrains intérieurs, comme à Villars, un cas exceptionnel, dont on a fait un
cas de principe; 5⁰ Le château construit à côté de la poype qui
s'y rallie au moyen des fossés, mais reste inoccupée; 6⁰ La poype
sur laquelle, sommet ou pentes, on a construit des masures : au
temps d'Aubret, xvii⁰ siècle, elles étaient déjà toutes en ruines;
7⁰ La poype existant au milieu d'un village, comme à Genay (Ain),
et fortifiée par ses habitants en 1425, pour résister à une invasion, nouvelle preuve que cette butte n'était auparavant ni un
castrum ni un privilège féodal.

RÉSUMÉ. — En somme, les poypes ont joué, aux diverses époques de l'histoire, un rôle différent; un éclectisme sagement modéré
est indispensable pour déterminer ces rôles, car l'absolutisme res-
tera l'éternel ennemi de la vérité!

CHAPITRE III

Directions générales ou particulières
des lignes de Poypes

Le but de cette étude étant d'insister sur l'antiquité des poypes et leur service précieux de jalonnement, nous commenterons dans ce chapitre la carte y annexée et nous renverrons, pour des détails plus amples, au chapitre IV qui suit, les érudits désireux de compléter leurs renseignements.

Voici les principales caractéristiques :

A. Jalonnement de grands cours d'eau.

1º *La Saône*, du sud au nord, est gardée à Rillieux-la-Pape qui commande le promontoire classique de Sathonay, Fontaines, Roche-taillée, Neuville, Montanay, Genay, Parcieux, Reyrieux, Riottiers; Frans, Amareins, Montceaux, Guéreins et sa voisine d'en face Belleville, Genouilleux, Thoissey, Saint-Didier-sur-Chalaronne, Cormoranche, Grièges, Replonges, Feillens, Ozan, Gorrevod, Pont-de-Veyle, Arbigny, Sermoyer, La Truchère, Préty, Lacrost, Ormes.

2º *Le Rhône* est jalonné par Rillieux, Miribel, Montluel, Balan, Saint-Maurice-de-Gourdans, Saint-Vulbas, Port-Lagnieu, Saint-Benoît-de-Cessieu, Brégnier-Cordon, Virignin, Surjoux, Léaz, rive droite, et par Vienne (la Papette), Vaugris, Solaize, Vertrieu, Creys, et de nombreux mollards, rive gauche.

3º *L'Ain*, depuis son confluent avec le Rhône, en remontant vers le Nord, était indiqué par les buttes de Gourdans, Béligneux, Loyes, Villette-Brona, Priay, Nécudey, cette dernière au confluent du Suran; dès que la rivière entre dans les gorges montagneuses, la poype de terre disparaît; la piste d'eau était probablement signalée par des murgers ou des roches naturelles.

4º La *Chalaronne* est bordée par les poypes de Saint-Didier, Saint-Etienne, Dompierre, Baneins, La Chapelle-du-Châtelard, Villars, sans compter toutes celles qui ont disparu.

5º La *Veyle* a une bordure également très riche à Romanèche, Crottet, Pont-de-Veyle, Laiz, Saint-Jean-sur-Veyle, Vonnas, Chaveyriat, Mézériat, Polliat, Buellas, Varax, Chalamont vers la source.

6º Sur le *Renon*, affluent de la Veyle, on relève Vonnas, Sachins, Neuville-aux-Dames, Romans.

7º On compte sur les rives du *Menthon*, Saint-Jean-sur-Veyle, Saint-Cyr (confluent du Chevalqueue) et Saint-Genis.

8º La *Reyssouze* est pistée par Pont-de-Vaux, Gorrevod, Saint-Etienne, Malafretaz et Viriat; quelques buttes la signalaient autour de Brou.

9º Près du *Sevron*, notons Marboz, Bény, Beaupont.

10º L'*Albarine* rencontre des postes à Saint-Maurice-de-Rémens, à Saint-Germain-d'Ambérieu, Lompnes, etc.

11º La *Seille* est défendue à son entrée dans la Saône par de belles poypes et murrots, à Sermoyer, La Truchère; son cours, dans le Louhannais, est aussi bien jalonné.

N. B. — Nous croyons devoir signaler que ces postes de bord de l'eau ont gardé une toponymie spéciale : Aiguerande, Eygurande, Ewirande, Evuiranda; on en retrouve plusieurs exemples en Bresse et Dombes.

B. **Raccord entre les divers bassins de cours d'eau.**

Il est à remarquer que les rivières de la partie ouest du département de l'Ain ont des cours parallèles; les migrateurs venant de l'Est ont été souvent *déroutés* dans leur marche, la Saône et l'Ain descendant au Sud et, par compensation, les rivières intermédiaires montant au Nord; il leur a fallu jalonner des lignes *entre l'Ain et la Saône*, comme en certains endroits du *Rhône à l'Ain*.

1º Du coude Rhodanien à Lagnieu on rejoignait l'Indis, par Saint-Germain-d'Ambérieu, Ambronay et Nécudey.

2º De Nécudey, la ligne atteignait la Reyssouze, par Saint-Martin-du-Mont, Ceyzériat et Challes.

3º Jasseron servait de liaison entre la Reyssouze et le Sevron.

4º L'Ain se raccordait à la Saône par Villette, Chalamont, Versailleux, Villars, Monthieux Saint-Jean-de-Thurigneux, Reyrieu, au sud; Rancé, Sainte-Euphémie, Riottiers, au nord (1).

5º De la Chalaronne vers l'Arar sud-est, on utilisait les poypes de Baneins, Relevant, Béreins, Villeneuve, Frans, Riottiers.

6º Les sources de la Chalaronne et du Renon étaient réunies au plateau de Sathonay par Versailleux, Saint-André-de-Corcy, Civrieux, Rochetaillée, Fontaines.

7º La Veyle communiquait indirectement avec la Saône, au Nord, par Bâgé, Coberthoud, Dommartin, Chevroux, Ozan; au sud, par Cruzilles, Huiriat, Illiat, Saint-Didier et Thoissey.

8º Du col de Treffort, une piste de poypes menait au gué d'Ozan par Malafretaz, Saint-Sulpice, Bévy et Chevroux.

---

(1) Il est très probable que cette ligne a été suivie par les Helvètes, lors de leur invasion par le défilé de l'Ecluse, les Gorges de la Burbanche et Ambérieu.

9° La poype de Foissiat réunissait les bassins du Sevron et de la Reyssouze.

10° Le bassin du Suran avait comme indicateurs vers celui de la Seille les postes de Flacey-en-Bresse, Sagy et Ratte.

11° Entre la Saône et la Loire, le nombre des buttes en terre est faible, car on atteint très vite la montagne pierreuse; signalons la poype de Ville-sur-Jarnioux, qui raccorde la Dombes, par Riottiers, Anse, Oingt, Létra, au Haut-Beaujolais, et celle du col de la Poyebade, par Guéreins, Belleville, Odenas.

C. Grands carrefours.

A certains croisements de pistes poypiales, il s'est formé un groupement de buttes, et il ne nous paraît pas téméraire d'affirmer que cette réunion détruit les arguments de l'abbé Marchand en faveur de la poype uniquement féodale. Comment expliquer cette association de buttes en terre, dont quelques-unes d'ailleurs n'étaient pas munies de châteaux?

A Villars, par exemple, le quadrilatère semble avoir donné la directive, au Nord, de la piste de la rivière Chalaronne; au Sud-Ouest, du promontoire stratégique de Sathonay et de l'*oppidum* gaulois de Lugdunum; à l'Est et à l'Ouest, d'une ligne presque droite entre l'Ain et la Saône; enfin, au Sud, Sud-Est, de la presqu'île confluent Ain et Rhône, par Montellier-Béligneux.

A Sermoyer, le carrefour guidait vers la Truchère, Préty, Ormes, au Nord; le long de la Seille, au Nord-Est; vers Saint-Trivier-de-Courtes et le Sud-Est; vers Arbigny, Pont-de-Vaux et Matisco-Lugdunum, le long de l'Arar, au Sud direct.

Neuville-aux-Dames, avec son trivium, jalonnait le Renon Nord et Sud, le raccord avec la Veyle par Buellas, à l'Est, et avec la Chalaronne par Dompierre, à l'Ouest.

Ces groupements pouvaient avoir aussi un caractère hiératique et mystérieux qui nous échappe, comme celui des alignements de Carnac, mais le principe du jalonnement utilitaire nous semble prédominer.

D. Gués et ports (passages).

1° *Saône*. — Les anciens *portus* de cette rivière expriment uniquement l'idée d'un passage, lieu de traversée facile, usité, soit par gué en été, soit par pirogues et barques en hiver. Le plus beau gué historique fut celui de Grelonges, près du port Laferrière; une île naturelle, puis artificielle, renforcée par des palafittes, facilitait le passage. Tout porte à croire que plusieurs poypes l'indiquaient, en plus de celles connues de Frans et de Riottiers, à Farcins particulièrement, dont le nom rappelle un poste éclairé la nuit. Les pistes de Villars, Monthieux, Sainte-Euphémie, Béreins conduisaient à ce gué.

Citons le gué de Voldé (Vadum), près Messimy (silex, pointes de flèche, débris de poteries gauloises et chemin creux antique);

le gué de l'Ile de la Palme, au nord de Mâcon, fixé par les poypes de Romanèche, Replonges, Feillens; le passage fréquenté aux temps préhistoriques, près du bois de Magnence et du confluent de la Seille (nombreux débris de toutes les époques); un autre port ou gué entre Ormes et le pré Boyer, au nord de Tournus, que déterminaient presque géométriquement les deux menhirs séparés de quinze mètres. Plus au Sud, vers Lyon, on trouvait des ports fréquentés à Caluire, Fontaines, Rochetaillée, Neuville, au Colombier (rive droite), estuaire de l'Aselga (Azergues), à Montmerle, à Guéreins, gué de Belleville, à Port-Chassy marqué par les deux poypes de Genouilleux, à Thoissey, Arciat (Ad Arcus), suite de la butte de Cormoranche, à l'Ile-d'Emprunt, piste de Grièges (Pierre-Thorion), à Port-Celet (Ozan), débouché des pistes nord orientales de la Bresse, à Arbigny, Farges (rive droite), à Ouroux, etc., etc.

2° *Rhône*. — Passages de Vaugris, poype de Saint-Christ à 300 mètres, de Saint-Vulbas, Proulieu, Port-Lagnieu, Sault-Brénaz, Quincieux (poype de Creys), etc.

3° *Ain et rivières de Bresse-Dombes*. — Gués nombreux et faciles; chaque poype voisine d'un de ces cours d'eau a son gué.

E. Confluents.

Il est utile de faire ressortir qu'à presque tous les confluents de nos rivières ou ruisseaux de Bresse et Dombes a été élevée une poype indicatrice. C'est le cas : à Saint-Cyr-sur-Menthon, p. de Conflens; à Vonnas, entre la Veyle et le Renon; à Thoissey, débouché de la Chalaronne; à Saint-Maurice-de-Gourdans (Ain et Rhône); à Nécudey (Ain et Suran); à Pont-de-Vaux (Saône et Reyssouze); à Belleville (Rhône), confluent de l'Ardière et de la Saône; à Guéreins, sortie de la Calonne; Châtillon-la-Palud, en face de l'Albarine se jetant dans l'Ain; La Truchère, confluent de la Seille et de la Saône; Solaize, au sud de Lyon, confluent de l'Ozon et du Rhône, etc.

F. Cols.

Col de Treffort (Ain); col du Mont-Février, frontière Jura (Saône-et-Loire); col de la Poyebade ou Poype Badot, près Odenas (Rhône).

Les faits parlent souvent mieux que les belles paroles; les preuves topographiques de ce chapitre sont assez abondantes pour qu'une conclusion s'impose sur le but primitif des poypes. Sans négliger certaines propositions des érudits qui nous ont précédé, nous sommes personnellement pénétré de la conviction que la poype, à son début, a été une énorme borne de direction et de jalonnement, assez haute pour être aperçue de très loin, dont les entourages ont été défrichés, ainsi que l'étaient les rives de cours d'eau, pour faciliter la vue devant soi et la marche des immigrants; les chefs, après avoir bien orienté les positions et choisi de bonnes aiguades, donnèrent à ces cônes un sens de religiosité et de noblesse que la tradition des siècles a pieusement conservé; c'est, à notre opinion, la cause *majeure* pour laquelle les féodaux s'en servirent, y attachant « de fort beaux droits » et des rentes nobles.

CHAPITRE IV

Relevé et classement
des principales poypes connues

(par lettres alphabétiques)

L'Abergement-Clémencia, Dép. Ain, Arr. Trévoux. — 4 à l'Est, 2 comprises dans le château, 1 au Péage, 1 à la Féole. Carrefour et source de la Vouerle (Yvuerlum). Fief. Châteaux en ruines; il reste l'enceinte et la poype. Piste gauloise et romaine. (V. P. de la Filioli, Villars.)

Amareins (de Marengiis), dép. Ain, arr. Trévoux. — 1 près du ruisseau de l'Appéon qui remplissait ses fossés. Fief. Quelques ruines de l'ancien château.

Ambérieu-en-Bugey (Ambarriacum), dép. Ain, arr. Belley. — 1 au hameau de Saint-Germain, l. d. *Li Poëpi*, 1385. La Poëpe. Sources abondantes. Voie romaine. Piste préhistorique. Fief. Château en ruines. — Dans le voisinage, Saleysia, En Saleysi *(Salasia)* souvenir d'une Salle gauloise. Poteries gauloises et romaines aux environs.

Ambronay (Ambornacum, 1417), dép. Ain, arr. Belley. — 1 appelée Motte des Sarrazins, fort Sarrasin, Terreaux-d'Ambronay, près de la gare et de la rivière d'Ain. Quelques débris remontant à l'époque gallo-romaine, monnaies, statuette; retranchements ayant servi aux Gaulois, aux Romains, puis aux Bourguignons et aux Dauphins du Viennois (xiv° siècle) « qui firent foucés et terreaux grands au plan d'Ambronay jusques la rivière d'Enz » (bataille de Varey). — Une autre poype, le mont Saura, près la ferme Championière, qu'il ne faut pas confondre, comme l'a fait Guigue, avec le Fort Sarrazin. — Une autre, dite de Cottelieu (Cotteliacum). — Deux lieux-dits, le Molard et le Molard de Champagne, entre Ambronay et Douvre. — Entre Ambronay et Rémens, on relève aussi 46 tumuli et molards de petite taille (nombreux ossements et débris d'armes indéterminés). — Voie romaine de Lyon à Genève par Cerdon.

Arbigny (Albiniacum), dép. Ain, arr. Bourg. — 1 non loin de la Saône. Ruines d'un châtelard; le pourpris est encore visible. Fief. — Traces de la voie romaine de Lyon à Tournus.

Annoires (Annonarium majus), dép. Jura, canton de Chemin. — 1 poype, dite la Motte. Débris gallo-romains aux environs. Voie romaine.

Bagé-la-Ville et *le-Châtel* (Balgiacum), dép. Ain, arr. Bourg. — 3 poypes d'après Guichenon et Guigue, mais il y a erreur pour la poype dite d'Amoret, que. ces auteurs ont confondue avec celle de Cormoranche. Les deux qui ont réellement existé sur le territoire de Bagé sont nivelées.. Source des Recollones *(in fonte antiquo)*. Nombreux débris d'ossements et d'armes dans la plaine. Ancien lieu-dit « Sales » *(in clauso de Sales, 1344)*.

Bancins, dép. Ain, arr. Trévoux. — 1 poype, château-fort, fief, 1228. Sources.

Beaupont, dép. Ain, arr. Bourg. — 1, au lieu-dit Le Molard, à 2 kilom. S.-E. du village. — Voisinage : La Grange-Salle, Fief.

Béligneux, dép. Ain, arr. Trévoux. — 1 près du ruisseau le Pommaret. Voie romaine.

Bény (Bennis, 1250), dép. Ain, arr. Bourg. — 2 au lieu-dit : Les Poypes, près de trois rivières, le Sevron, le Solnan et le Lignon. Piste et gué sur le Sevron. Maison forte de Pélagey.

Béreins, dép. Ain, arr. Trévoux. — 3, celle de Bullieu, Bulleu ou Bullion; seigneurie des Bulli ou Bullieu (la poëpe d'Armand de Bullieu. XIVᵉ-XVᵉ siècle), « à une distance de trait d'un arc du château de Bérins », d'après Aubret; — celle de Mons; — celle de Béreins, très petite, sur laquelle avait été bâti le château et qui appartenait à la famille de Bagié (Aubret); elle n'avait qu'un seul et peu profond fossé. — Deux, de ces poypes avaient reçu des constructions, la troisième était vierge; les fortifications sont complètement détruites. Voie romaine.

Béreyziat, dép. Ain, arr. Bourg. — 1 remontant comme fief au IXᵉ siècle. Ruisseau d'Enfer. Lieu-dit Le Molard.

Béseneins, écart de Saint-Etienne-sur-Chalaronne, dép. Ain, arr. Trévoux. — 1 poëpe ou fort de Bésenins, 1313, sur un plateau. *Domus fortis* et *castrum*. Fief.

Beyviers ou *Bévy*, dép. Ain, arr. Bourg. — 2 (1 à l'ouest, 1 près de Marsonnas). Source. Fief. Château XIIᵉ siècle ruiné,

Boissey, (in villa Boscido, 888), dép. Ain, arr. Bourg. — 1 probablement confondue avec une des poypes de Chevroux (voisinage). Fief Xᵉ siècle. Lieu-dit Les Salettes.

Bouligneux, dép. Ain, arr. Trévoux. — 1 à l'est, non loin des Archinières (carte A. Sirand), région des étangs.

Brou-Challes, dép. Ain, arr. et prox. de Bourg. — 1 au N.-E.,

Voie romaine. Fief, *domus fortis* de Challes, 1437. — Un lieu-dit « Poupon » (Cassini), au Sud-Est, rappelle une petite poype, depuis fort longtemps disparue.

Biars ou *Biard*, dép. Ain, arr. Trévoux. — (V. Châtenay.)

Bayard, dép. Ain. — (V. Mézeriat.)

Bernoud, dép. Ain. — (V. Civrieux.)

Brégnier-Cordon, dép. Ain, arr. Belley. — 1 au lieu-dit Mollard, signalant un gué du Rhône. Piste antique et gallo-romaine.

Buellas (Bodellas, Bodella, 1059), dép. Ain, arr. Bourg. — 1 entre la Veyle et le Vieux-Jonc. Piste très ancienne. Fief de Bagé.

Bullien ou *Bullion*. — (V. Bérejns.)

Bosjean (Bois Jovan), dép. Saône-et-Loire, arr. Louhans. — 1 assez élevée avec château et double fossé très profond, au hameau de Saint-Jean. — Une autre, avec forteresse, entourée de murs et de fossés, au lieu-dit Le Tartre (tertre moderne).

Brancion (Branciodunum), dép. Saône-et-Loire, cant. de Tournus. — 1 petite, molard secondaire. Dans le voisinage, à Nobles, menhir surmonté d'une croix, col de pénétration préhistorique et piste gauloise.

Branges, dép. Saône-et-Loire, cant. de Louhans. — 2 molards, restes diminués d'anciennes poypes.

Belleville-sur-Saône, Rhône. — 1 grande poype aujourd'hui presque nivelée (1918). — Rive droite de la Saône, en face de la poype de Guéreins (Ain), jalonnement directif de pistes, gué d'été et bacs aux hautes eaux. Confluent de l'Ardière. Amorce du chemin gaulois et de la voie romaine de Lunna à Bibracte.

Cette poype était assez belle; au commencement du xixe siècle, elle avait encore 5 mètres de haut, une plate-forme circulaire de 11 mètres de diamètre, un contour de base de 125 mètres; deux rangs de fossés de 10 mètres de large, séparés par un retranchement de 190 mètres environ de développement, l'encerclaient. Les fouilles qui ont été faites n'ont donné aucun résultat, sauf quelques poteries probablement gauloises, mais le gué voisin est parsemé de débris intéressants : silex, scies de pierre, poteries grossières, fragments de meules en grés, cailloux craquelés par le feu, charbonilles, os brisés. Dans les derniers temps, il ne restait plus, dans un pré voisin de la Saône, qu'un large monceau de gazon appelé le « Mottiau ». Certains mariniers prétendent qu'un souterrain, passant sous la Saône, faisait communiquer les deux poypes parallèles; inutile de discuter cette aberration si répandue dans les imaginations populaires pour tous les monuments anciens.

Bletterans, dép. Jura, arr. Lons-le-Saunier. — Poypes de Bosjean ou Beaujean, et de Montjay, dans les environs, dont les noms semblent rappeler un culte de Jupiter-Soleil. Voie romaine.

Bray, dép. Saône-et-Loire, cant. de Lugny. — 1 molard, piste gallo-romaine.

La Bretenière, dép. Jura, cant. de Dampierre. — 1 dans la forêt de Chaux. Village très ancien. (V. *Annales du Jura*, 1859, D. Monnier.)

Ceyzériat, dép. Ain, arr. Bourg. — Alignements préhistoriques sur la montagne à l'Est; enceinte à trois parties angulaires avec fossés, remparts de pierres et terres, murgers coniques en bandes parallèles séparés chacun de 20 pieds environ l'un de l'autre. Roche de Cuiron antiquement fortifiée. Mêmes murgers et retranchements aux monts July (Gely) et Molon voisins; le tout commandant un col de pénétration, piste gauloise et voie romaine.

Chalamont, dép. Ain, arr. Trévoux (Dombes). — 1 (Poëpe de Chalamont, 1308). Région d'étangs. Voie gallo-romaine secondaire. Lieux-dits caractéristiques : Salle (*Mansus* de Salas, 1049). Le Molard. Cimandres, toponymie antique, toujours dotée de pierres levées, tumuli ou pistes préhistoriques. Dans les bois voisins (Samans), on a relevé des retranchements de l'époque du bronze.

Chapelle-du-Châtelard-en-Dombes, dép. Ain, arr. Trévoux. — 1 citée par Cassini : La Poipe; plus tard, Le Châtelard. Nombreux châtelards de nos régions sont des *oppida* gaulois ou des *castella* romains. Etangs. Gué de la Chalaronne. Fief. Château xiᵉ siècle en ruines; la poype était au milieu du *castellarium* détruit en 1594; elle est encore visible. M. Collet (Bourg, 1898) a prétendu que cette poype serait « une moraine glaciaire édifiée par la nature »; nous en doutons fort!

Châtenay, dép. Ain, arr. Trévoux. — 1 dite de Biars ou Biard, au sud. Près de la Veyle. Fief et *domus fortis* qui n'existait déjà plus en 1540; la poype restait en propriété d'un riche marchand pelletier de Lyon; la rente noble attachée à la poype consistait en prés, bois, vignes et étangs.

Châtillon-sur-Chalaronne, dép. Ain, arr. Trévoux (Castellio Dumbarum). — 1 poype avec château sur un côteau remué par les premiers occupants et arrondi en poype, dominant la Calarona. Fief.

Châtillon-la-Palud, dép. Ain, arr. Trévoux. — 1 au lieu-dit Le Mollard. Etangs et ruisseaux. Fief. Château dont un des possesseurs s'est nommé Colabeau de la Pape (poype). Direction d'un gué au lieu-dit Le Port.

Chavannes-sur-Reyssouze, dép. Ain, arr. Bourg. — 1 au lieu-dit Le Molard. Champ du Molard. Aiguade à la Reyssouze (Ressocia). Pistes antiques. Fief. Château.

Chavannes-sur-Suran, dép. Ain, arr. Bourg. — 1 disparue, non loin du menhir appelé Quenouille de la Fâ ou de la Fée, qui a servi de borne aux temps antiques comme au moyen âge. Frontière autrefois fortifiée de la Franche-Comté Sud. Source de la Dhuys (celtique). Route romaine.

Chaveyriat (Cavariacum), dép. Ain, arr. Trévoux. — 3 citées souvent au moyen âge : 1ᵒ celle de Corand ou Corent (*cor*, celtique, enceinte). Les Sires de Corent s'intitulaient Sieurs de la Motte. Entièrement nivelée. 2ᵒ Celle de Corlaison ou Corleyson, au bord de l'Irance, disparue, mais les prés voisins portent encore au cadastre le nom de « terres de la tour », appartenant à « la *Domus* de Corleyson *cum fortalitiis*, 1272 »; fief de Bagé. 3ᵒ Celle de Chavaux (Cadavos; tour et maison forte détruites, quelques débris de pierres et briques. — Philippon cite à Chaveyriat une poype de Tournoux ou Tournous *(Domus et poypia Chaveyriaci juxta poipiam de Tornoux)*; elle n'existe plus et peut bien être un doublet de la tour de Corlaison.

Voisinage : lieu-dit Les Trois Pierres, débris préhistoriques (V. Reyrieux); Eguerande ou Yvueranda, rappel d'une station au bord d'une rivière, haches de pierre polie, etc.

Chevroux (in villa Caprosio, 978), dép. Ain, Arr. Bourg. — 1 petite, peut-être la même que celle d'Ozan, 45 m. de tour sur 2 m. de haut, en 1916. — Lieux-dits : La Poype, Les Sallettes (La Saleta, 1321), Le Mollard, La Marche (In Marcia, 994), borne limite. Piste gauloise. Grand étang de 68 hectares, intarissable.

Cette poype a été fouillée sans rien révéler, sauf quelques restes de mortier relativement moderne; elle était surmontée d'une croix paroissiale et, d'après les gens du pays, on y enterrait jadis les petits enfants.

Civrieux (Severiacum), dép. Ain, arr. Trévoux. — 1 dite de Bernoud ou Berno. *Castrum* de Berno. Fief. Elle dominait un terrain forestier dit le Bois-Seigneur; le château fut bâti au XIIIe siècle; actuellement en ruines. Voie romaine Lyon-Besançon.

Coberthoud, dép. Ain, arr. Bourg. — 1 près Dommartin-de-Larenay. *Poypia fortis*, 1272. Fief. Source. Piste.

Confrançon (in agro Cosconiacense), dép. Ain, arr. Bourg. — 1 dite de Chassagne. (*Domus de Chassaigni cum fossatis et fortalitiis*, 1272, Guich.). Fief.

Corcelles, dép. Ain, arr. Nantua. — 1 au lieu-dit « Sur Popet ». Bords de l'Albarine disparue. Piste montagneuse.

Conflens, Ain. (V. Saint-Cyr-sur-Menthon.)

Cordieux, dép. Ain, arr. Trévoux. — 1 petite à l'Ouest (carte Sirand). Etangs. Débris gallo-romains.

Corent, Ain. — (V. Chaveyriat.)

Corlaison, Ain. — (V. Chaveyriat.)

Cormoranche (Cormorenchia, domaine des marais), dép. Ain, arr. Bourg. — 3 : l'une appelée P. d'Amoret (ad moretum), 1325. Ruines d'un château. Fief. Guigue *(Top. hist. Ain)* la place à tort à Bagé; la seconde, P. de Liercy (*Lie*, pré humide) ou d'Avanon, à côté du ruisseau de ce nom et non loin de la Saône. Sur l'alignement de la poype de Mizériat (Saint-Didier-sur-Chalaronne) et près de la voie romaine. Les fouilles n'ont rien donné que de menus débris de bâtisse et une pièce d'argent d'un archevêque, comte de Lyon. La poype présentait un tronc de cône de 6 m. de haut, une base d'environ 65 m. de diamètre; pente de 50 centim. par mètre; anciens fossés de 2 m. de large; elle servait, selon la tradition du pays, de limite entre la Bresse et la Dombes. Une ferme, dite de Pampioux (Ponpiou) y annexée existe encore. — La troisième est celle de Percié (1388), nommée aussi de la Ronzière. Fief.

Contelieu, Ain. — (V. Ambronay.)

Crottet, dép. Ain, arr. Bourg. — 1 à Chavannes, près du moulin de Thurignat, non loin des Etournes et de la Veyle. Piste gauloise. Voie romaine. Gués. (*Poypia cum forteressiâ et fossalis*, 1272, Guich.). Château ruiné et poype nivelée, il y a un demi-siècle; quelques débris de poterie et de terre calcinée retrouvés dans les fouilles.

Cruzilles-lès-Mépillat, dép. Ain, arr. Bourg. — 1 près de l'Avanon Cadastre : La Pouape. Nivelée.

Cuisiat, dép. Ain, arr. Bourg (Cotiacum). — 1 appelée aussi Motte de Cuisiat et dépendant de Treffort. Château. Fief. Sources.

Culoz, dép. Ain, arr. Belley. — 1 molard sur le Mont Jugeant (Jugum), au-dessus de la gare, ancien *castellum* gaulois, puis romain. — D'olmen de Levanna sur le contrefort du Mont Jan (boucle du Rhône).

Champrongeroux, dép. Saône-et-Loire, arr. de Louhans. — 1 au N.-O. de Louhans, non loin de la poype de Simard. Jalonnement du Solnan à la Saône. Ancien château avec fossé circulaire inscrit lui-même dans une enceinte que ferme un autre fossé de forme elliptique.

Chapelle Thècle, dép. Saône-et-Loire, cant. de Montpont. — 1 petite, dite Le Molard, non loin de la Saône.

Chardonnay, dép. Saône-et-Loire, cant. de Lugny. — 1 molard, débris préhistoriques aux environs.

Château-Renaud, l'ancien *oppidum* de Louhans, autrefois *Centaurum*, dép. Saône-et-Loire, cant. de Louhans. — Nœud de pistes antiques et de voies romaines. Plusieurs poypes, barrows et tumuli au confluent de la rivière.

Condal, dép. Saône-et-Loire, Louhannais. — 1 petite poype, jalon de piste (confluent celtique).

Corbrans, dép. Saône-et-Loire, Louhannais. — 1 poype très curieuse autrefois, d'après D. Monnier, disparue. Lieu-dit La Motte.

Cuiseaux, dép. Saône-et-Loire, arr. Louhans. — 1 dénommée la Motte Brenos et entourée de plusieurs molards secondaires. Sur une hauteur visible de loin. Le nom de Brenos semble rappeler une occupation gauloise. (V. Saint-Sulpice).

Cosges (Côges), dép. Jura, cant. de Bletterans. — 1 sur la rive droite de la Seille (D. Monnier). Voie Romaine. Aux environs, nombreux souterrains-refuges, souvenirs préceltiques et celtiques. Fief.

Creys (Pusignieu), dép. Isère, en face Lhuis, Ain. — 2 : une encore dénommée la Poïpe; une, le Mollard; elles commandaient le passage du Rhône par Quincieux; le fleuve, en cet endroit, est peu large et a été traversé à gué ou à bacs par les émigrants préceltiques, puis par les Gallo-Romains. Voie romaine importante de l'autre côté du Rhône.

Dompierre-sur-Chalaronne, dép. Ain, arr. Trévoux. — 1 dite de Château-Roux. Château avec poype centrale et fossés; traces encore visibles de ces derniers. Fief.

Dompierre-sur-Veyle, (anc. Dardilia), dép. Ain, arr. Bourg. — 1 petite, appelée Mas Vallet, au lieu-dit Molaron, Moléron ou Molérion. Châtelet. Etangs. Voie romaine Tombe recouverte de dalles grossières, crâne et débris humains.

Etrez, dép. Ain, arr. Bourg, (*Strata via*, voie romaine). — 1 au lieu-dit Le Mollard, disparue. Fief.

Diconne (Dicône, les deux cônes), dép. Saône-et-Loire, arr. Louhans. — 2 poypes très anciennes à la pointe classique très caractérisée. Piste préceltique. Lieu-dit : La Marche. Fait curieux : on trouve plus loin une autre poype appelée *Outrecone*, et la marche frontière est placée entre ce groupe de trois. Sources.

Feillens, dép. Ain, arr. Bourg. — 1 au lieu-dit La Poëpe. Direction gué de la Saône. Voie romaine. Fief. Un lieu-dit voisin « La Meule Sarrazin » nous semble être un molard secondaire attribué à tort aux Sarrasins, comme les Etournes, les Terreaux d'Ambronay et certains tronçons de voies romaines.

Foissiat, dép. Ain, arr. Bourg. — 1 (*Poypia de Foissia*, Guich.). Lieux-dits : La Peupan ou Peupa, Le Molard. Chamandre. Château. Fief. Voie romaine. Aiguade de la Reyssouze.

Frans, dép. Ain, arr. Trévoux. — 1 (Poëpe de Frens); elle était importante « avec ses fossés, ses étangs, sa place, ses terres cultes et incultes, bois, verneis » 1357. Le château et le cône ont complètement disparu. Voie romaine. Piste préhistorique au « portus de Daloing » et au gué de Grelonges *(grava longa)*, ancien îlot peuplé par des habitants de palafittes (cendres, os, silex taillés).

Flacey, dép. Saône-et-Loire, arr. Louhans. — 1 motte près de l'église, xᵉ siècle. Piste antique.

La Frette, dép. Saône-et-Loire, cant. de Montret, (Ferta, ferté). — 2, une de 3 à 4 m. de haut avec fossés, château au hameau de la Bêcherie; l'autre au hameau de Putigny et Villeveny, au milieu d'un bois, près voie romaine, traces d'un campement gallo-romain voisin, armes, etc.

Frontenaud, dép. Saône-et-Loire, cant. de Cuiseaux. — 1 petite avec château, au lieu-dit Les Iles, fossés remplis par la rivière la Gizia. Rasée.

La Féole, dép. Ain. — (V. Abergement-Clémencia.)

Fontaines-sur-Saône, dép. Rhône. — 1 dite du Mont-d'Or (Poype de Mondor). Sources abondantes. Voie romaine. Fortifiée au xiiiᵉ siècle. Fief.

Fontenu, dép. Jura, (sur le lac de Chalain. — 1 appelée Mont-Dieu, ce qui détermine son caractère sacré. Nombreux instruments de bronze, petits tumuli, pierres fichées renversées aux environs. Voie romaine.

Genay (Gehennacum), dép. Ain, arr. Trévoux. — 1 au milieu du village, fortifiée par les habitants en 1425. (*Poypiam bonam, sufficientem ac aptam pro fortalicis.)* En 1486, on y ajouta une tour et une chapelle; restent des pans de murs et de tours sous le nom « Le Fortin ». Voie romaine; médailles et débris gallo-romains aux environs. Lieu-dit : Le Mollard. Boucle de la Saône.

Genouilleux, dép. Ain, arr. Trévoux. — 2 près de la Saône, signalant un gué. Lieu-dit : La Poyée. Fief. Il ne reste plus qu'une tour de l'ancien château.

Guizeu ou *Guyzeu*, dép. Rhône. — (V. Neuville-sur-Saône.)

Gorrevod, dép Ain, arr. Bourg. — 2 au lieu-dit Les Poypes. *Domus fortis* de Gourrevoud. Fief. Voie romaine. Non loin de la Reyssouze.

Grièges (de Gregio, de Grecis, ancien Chillia), dép. Ain, arr. Bourg. — 2 au lieu-dit Les Papes, aux Papes; tout a disparu. Source abondante à débit très régulier qui alimente encore aujourd'hui le village. Piste gallo-romaine. Jalonnement vers un gué de la Saône par une ligne de pierres fichées dont une demeure, la Pierre Thorion, et les autres ont été enfouies en terre, d'après les vieux du pays. Détruites vers 1900; la plus grande n'avait déjà plus alors que 1 m. à 1 m. 50 de haut; rien de saillant dans les fouilles, à part quelques morceaux de terre cuite mal façonnée. Aucune trace de château ni de fief. Lieux-dits : La Salle, Au Mollard près de Jons, Montsandry (*mons cinereus*, probable), dont le sol est effectivement très noir.

Guéreins, dép. Ain, arr. Trévoux. — 1 dite du Luel (château, tour, poype et terres du tènement du Luel, 1448). Fief. Voie romaine. Non loin de la Saône, en face de la Poype de Belleville. Gué à débris préhistoriques nombreux.

Grury, dép. Saône-et-Loire, arr. d'Autun. — 2 bien conservées au Sud du village; vestiges d'un camp probablement romain. Leur dénivellation semble donner prise à quelques hésitations; ce sont peut-être des tumuli ordinaires.

Goux, dép. Jura, cant. de Dôle, vallée de la Loue. — 4. La première à Goux, enceinte formée par un fossé de gazon en parallélogramme de 108 m. long, 94 large, à rempart de 3 m. haut; la seconde, intitulée « Motte de Mars »; la troisième, Motte de la Loye; la quatrième, la Toppe de Goux. Fontaine sacrée *(divona)* aux environs; vestiges gallo-romains. — D. Monnier en fait des tombeaux gaulois ! ! !

Illiat, dép. Ain, arr. Trévoux. — 1 dite de Lurcy (Luperciacum). Fief du xiiie siècle. Ruines d'une église sur la poype (Savoye). Ustensiles bronze, hache à talon, au pied. Bords de l'Avanon.

Igé, dép. Saône-et-Loire, arr. Mâcon. — 3 molards en pierres sèches de 1 à 4 m. de hauteur, 10 à 15 de diamètre; nombreux débris de l'âge du fer, bracelets bosselés et striés obliquement, pendeloques, anneaux, agrafes, perles, cendres, etc., aux lieux-dits Cymandres, Acimandrias (C. S. V.), la Roche, dans les bois voisins et dans les vignes. Nous signalons aux recherches des préhistoriens un rapprochement curieux avec un Ygé (Iggiacum) de l'Ouest, près de Saint-Cosme, route de Mamers au Mans, où existe aussi une sorte de poype souvent fouillée et ayant livré quelques débris de même âge; les légendes du pays y entretiennent la conviction de trésors cachés qui, entre parenthèses, ont occasionné la ruine de plusieurs entrepreneurs de recherches.

Jasseron, dép. Ain, arr. Bourg. — 1 accompagnée d'un château-fort (1283) et d'une castramétation romaine avec remblais en quadrilatère. Voie romaine de Besançon.

Lagnieu, dép. Ain, arr. Belley. — 1 au lieu-dit La Poype, non loin du grand coude du Rhône, en face d'une autre butte direc-

trice sur le département de l'Isère. Plusieurs sources. Lieu-dit
Le Mollard. Piste gauloise et voie romaine.

Laiz, dép. Ain, arr. Bourg. — 1 dite de la Jaclière (*Domus
de la Jascleri cum receptaculo et fossatis*, 1272, Guich.). C'était
une simple maison de refuge; elle est entourée de plusieurs
lieux-dits indiquant des buttes secondaires : Au Poipon, Mézerines
(altération de Merzerines probable), La Molarde, A la Motte,
Les Motturets, Au Poyet, En Pierres, rattachement probable à
la ligne de Grièges voisine; En Sale. Route romaine.

Lantenay, dép. Ain, arr. Nantua. — 1 (*fortalicium* ou molard),
détruite depuis plusieurs siècles. Fief.

Lent, dép. Ain, arr. Bourg. — 1 petite au Sud. Lieu-dit : La
Molardière. Etangs. Piste antique. Voie romaine. Débris.

Lierey, dép. Ain. — (V. Cormoranche), Lie Rey.

Lompnes, dép. Ain, arr. Belley. — 1 petite au lieu-dit Le Mollard. Bords de l'Albarine.

Loyes (Loïae, prés humides), dép. Ain, arr. Trévoux. — 1 près
de l'Ain. Gué. Château-fort. Fief (Fié du Chastel de Loes. 1330).
Voisinage de Petra crispa, menhir disparu.

Lurcy, Ain. — (V. Illiat.)

Lacrost, dép. Saône-et-Loire, près Tournus. — 30 poypons, molards et tumuli (meurots) disséminés dans la plaine et accouplés
deux à deux jusqu'à la Truchère, au Sud. — Molard Audrand, au
Nord, belle poype et château. — D. Monnier dit que ce molard
était décomposé en trois buttes de 1 m. de haut et 33 m. de
circonférence, deux accouplées, l'autre isolée. Restes gallo-romains
aux environs.

Dans la prairie de Juchant, 24 poypons environ, sur un espace
de 500 m. de long et 300 de large; les fouilles n'ont presque
rien fourni d'intéressant : quelques poteries, métaux oxydés,
cendres, un squelette de bœuf, probablement de l'époque du
bronze; ces buttes devaient être assez hautes, mais les inondations
de la Saône et le travail des paysans les ont presque nivelées.

Au Pré des Epoisses, un certain nombre de monceaux tumuli
ont aussi disparu.

Pour détails, consulter les Chap. I et II de l'ouvrage si consciencieux de MM. Jeanton et Ravenet, 1904 : « L'ancienne paroisse
de Préty ».

Lessard-en-Bresse, dép. Saône-et-Loire, arr. Châlon. — Quelques tumuli disparus au bois des Mottes; débris gallo-romains.

Loisy, dép. Saône-et-Loire, arr. Louhans. — 2 dans la plaine
du côté de Simandre et au pré de la Morte. Les fouilles ont donné,
chez la première, des ossements humains, armes oxydées, petits plateaux de chêne pouvant servir de boucliers; chez la seconde, des
fers à cheval, cendres noirâtres, ossements. La découverte de
restes humains étant assez rare dans les poypes, nous serions
assez porté à croire qu'ils remontent à l'époque gauloise, les buttes
ayant été utilisées après une bataille le long de la Saône.

Lugny, dép. Saône-et-Loire, (Luviniacum). — 1. Piste de Mâcon
à Tournus. Hameau du Poupot. Sources. Débris gallo-romains.

Lancié (L'Ancié, passage étroit), dép. Rhône. — 1 appelée Le Châtelard, au-dessus du village, 12 m. de haut. Débris préhistoriques, vases des époques bronze et fer; dans les environs, quelques silex ouvrés. Rien dans le centre de la poype; elle a été entourée d'un mur par son propriétaire actuel; le fossé est encore bien visible à l'Est et au Sud.

Malafretaz, dép. Ain, arr. Bourg, (Monlaferta, *mons firmitatis* 1410). — 6 au bord de la Reyssouze et dans une sorte d'îlot alluvionnaire très large. 4 ont été démolies; il en reste 2 au Nord de l'îlot; la dernière nivelée le fut vers 1885; elle avait 150 m. de circonférence; une petite chaumière avait été bâtie sur la terrasse du cône après qu'on l'eût décapité, à une époque relativement peu ancienne. Fouilles : quelques poteries, quelques cendres dans l'intérieur; ossements humains, dents de sanglier et tête de ruminant, fer de lance, lame de couteau, clefs datant du moyen âge. Sous le niveau du sol normal, couches de bois brûlé et morceaux de chêne bien conservés. Le tout n'a rien de préhistorique. Pas de châteaux.

Manziat, dép. Ain, arr. Bourg. — 1 disparue, près de la Salle (Sale Manzia 1325). *Domus fortis* de Sala. Fief. Gué de Saône.

Marboz, dép, Ain, arr. Bourg. — 1 au hameau du Devens, lieu-dit La Poype, non loin du Sevron. Autres lieux-dits : Le Molard et Les Couhardes (cf. le Couhard d'Autun). Maison forte du Devin, Devent, appelée aussi la Poype fossaliée de Debvens. Château complètement détruit.

Marlieux, dép. Ain, arr. Trévoux. — 1 disparue au lieu-dit Le Molard. Etangs et sources. Voie romaine. Vieux château. Fief.

Marsonnas, dép. Ain, arr. Bourg. — 1 disparue, au N.-E. du village, lieu-dit Le Mollard, non loin d'un lieu-dit Montcindroux, mont de cendres, qui serait peut-être un tumulus à incinération.

Mézériat, dép. Ain, arr. Bourg. — 3 : P. de Bayard ou Bayart, à l'Est, haches pierre polie recueillies à côté; P. de Mézériat (*Poypia et fossata* de Mayssiriya 1272), château, fief; P. de Montfalcon, assez loin à l'Est, piste gauloise, voie romaine, château. Toutes ces poypes sont détruites.

N. B. — Guigue place à tort à Mézériat une poype dite de Conflens ou de la Mare, qui appartient à Saint-Cyr-sur-Menthon.

Mionnay, dép. Ain, arr. Trévoux. — 1 disparue sans trace aucune, près du lieu-dit La Salle. Autre lieu-dit Montsion (Sedunum). Etangs aux environs, haches en pierre polie et débris divers.

Miribel, dép. Ain, arr. Trévoux. — 2 : 1 grande au Mas de Rillier, appelée La Torche à Guillet ou mieux Aguillée (la butte pointue) sur la hauteur. D. Monnier émet l'idée, très plausible, que le terme « aguillée » rappellerait un menhir, pierre pointue, placée sur la poype. « *Domus sita in poypiâ castri Miribelli juxta muros clausurarum ipsius poypiæ.* » — 1 petite, surmontée d'une tour carrée (*turris quadratus* (sic) *cum poypia parva*, 1327). Belles sources. Ruines encore belles. Lieu-dit : Le Molard. Voie romaine voisine.

Mizériat, Ain. — (V. Saint-Didier-sur-Chalaronne.)

Mizérieux, dép. Ain, arr. Trévoux. — 1 au Sud, entre Mizérieux et Reyrieux, nommée La Torrine ou Thorine (Taurinum, hauteur). Cf. la Pierre Thorion de Grièges et Thorins de Romanèche. Pas de château. Suite probable du jalonnement du menhir de Toussieux, à l'Est. Objets préhistoriques, haché en pierre, lance en bronze.

Mons, Ain. — (V. Béreins.)

Montanay, dép. Ain, arr. Trévoux. — 1 près l'église. Château en ruines. Tombes dans la poype, probablement médiévales. Médailles et poteries gallo-romaines aux environs.

Montceaux, dép. Ain, arr. Trévoux. — 1 dite de Buyat, près du ruisseau la Calonne; voie romaine. Fief.

Montellier (Le), dép. Ain, arr. Trévoux. — 1 fortifiée en donjon dans l'intérieur du château, comme l'*arx* dans les *oppida*. (*Feudum poypiœ del Montellier* 1327). Fief. Le gros des bâtiments est en dehors de la poype qui n'aurait pas pu les supporter; le donjon et des ruines de murs existent encore. Etangs.

Montfalcon, dép. Ain. — (V. Mézériat.)

Monthieux, dép. Ain, arr. Trévoux. — 1 entre Monthieux et Ambérieux-des-Dombes. Etangs. Château (*Castrum et poypia* 1271). Fief (*Feudum poypiœ* de Monteux). Lieu-dit « La Salle ».

Montluel, dép. Ain, arr. Trévoux. — 2 : 1 dite de Butentut, Botentut 1230, assez éloignée et plutôt sur la commune de Jailleux; 1 autre de Haute-Pierre (fief), rappel de menhir probable. Voie romaine. Piste gauloise.

Montracol, dép. Ain, arr. Bourg. — 1 disparue, voisine du lieu-dit : La Grande Salle. Etangs.

Montrevel, dép. Ain, arr. Bourg. — 1 à 4 kil. S.-O., au lieu-dit : Le Temple, poste de templiers sur ancienne voie romaine. Sources. Tuiles époque gallo-romaine.

Montribloud, dép. Ain, arr. Trévoux. — 1 très large avec château élevé au XIVᵉ siècle. Fief. (*Castrum* de Montriblost).

Malle, dép. Saône-et-Loire, Louhannais. — 1, dite Motte de Malle, piste le long de la Branne ou Braine se dirigeant à l'Occident vers la Saône.

Montmelard (Mons Malardi), dép. Saône-et-Loire, Louhannais. — Plusieurs molards jalonneurs.

Montpont (Mons Pavonis), dép. Saône-et-Loire, Louhannais. — 1 molard, petite poype mentionnée au Xᵉ siècle, aux bords de la Sane Vive. Vieux château. Fief de Montpaon.

Montret, dép. Saône-et-Loire, arr. Louhans. — 1 grande, dite Mont-Drud, au hameau de Bordiau. Etangs. Sources. Voie romaine. Fossé circulaire très considérable. Sur la poype, quelques grosses pierres qui pourraient être les vestiges d'un cromlech.

Monthier, dép. Saône-et-Loire, Bresse chalonnaise. 2 : une au hameau du Rond, appelée le Gros Monterot; aurait servi de retranchement aux Espagnols lors de l'invasion de la Franche-Comté; — l'autre à Beauvernois, 46 m. de diamètre, 3 m. haut, avec double fossé et autrefois une « maison fort » dans le pré des Fournus; à proximité : fer de lance, pierres de moulins à bras, débris antiques. Voie romaine.

Marigny, dép. Jura (près du lac Chalain). — 1 autrefois très belle, dénommée le Mont-Dieu. Fortin le Châtelet (V. Fontenu).

Mercey-sur-Saône, dép. Haute-Saône. — 3 à 100 m. S.-O. du village, dans le bois du Vernois, type classique à diamètre de 35 mètres, en face d'une autre sur la rive droite de Saône. Gué pavé. Voisinage de voie romaine. Le nom de Mercey indique une marche frontière, probablement celle des Lingons et des Séquanes. Non fouillées.

Mérages et *Mérêges*, dép. Ain. — (V. Saint-Bénigne et Saint-Didier-sur-Chalaronne.)

Mercour-Balan, dép. Ain. — (V. Saint-Vulbas.)

Mion, dép. Savoie. — 1 molard signalant un gué du Rhône.

Molards et *Mollards*, dép. Isère. — Foisonnent dans les lieux-dits entre la boucle du Rhône vis-à-vis de Lagnieu, et celle de Brégnier-Cordon-Aoste; ils jalonnaient des pistes, gués et passages de bacs; ce sont de petites poypes; dans le pays, on les nomme aussi poëpi.

Nécuday, dép. Ain, arr. Bourg. — 1 dite Motta de Noncuiday (terrier du Temple de Mollissole). Au N.-O. de Pont-d'Ain. Voie romaine.

Nécudet, Ain, — (V. Saint-Genis-sur-Menthon.)

Neuville-sur-Renon, dép. Ain, arr. Trévoux. — 2 : une dite de Luyseis (Les Marais) ou de Saint-Jacques, château-fort (Motta et casale 1289) *(Poypia de Luyseis desuper ecclesiam)*; au temps de Guichenon, le château existait encore; depuis, il a disparu avec une chapelle et quelques masures voisines, mais il reste une grosse butte appelée Poype Saint-Jacques, du nom du titulaire de la chapelle. Guigue a fait deux poypes de Luyseis et Saint-Jacques. — La seconde, dite de La Chassagne ; elle existait encore, il y a quelques années, munie de son pourpris. — Ancien carrefour de pistes gauloises et prégauloises. Lieux-dits : La Poype, Le Molard, Sales ou Salos, Eguerande ou Ewuirande. Débris préhistoriques.

Noiry, près Ormes, dép. Saône-et-Loire. — 1 avec château (Le Châtelet). Nombreux débris d'anciennes constructions à dates indéterminées.

Neuville-sur-Saône, dép. Rhône, (anc. Vimy). — 1 dite de Guizéu ou de Berno. Fief. Voie romaine. A côté, retranchements en quadrilatère, semblant rappeler un camp romain.

Nevy-lès-Dôle, dép. Jura. — 1 à caractère sacré sur le Mont-Saint; confluent de la Loue et de la Cuisance; vestiges préceltiques, celtiques et romains. Voie romaine.

Ozan, dép. Ain, arr. Bourg (Usa, Usani lacus). — 1 à la limite d'Ozan et de Chevroux (voir cette dernière). Quelques débris prégaulois et romains à Port-Celet, passage de la Saône, piste.

Ormes, dép. Saône-et-Loire, arr. Tournus. — 1 très près de la Saône. Voie romaine. Poype du Donjon, près la Serrée, entourée de trois fossés; en face, sur la rive droite de Saône se trouvent les deux grands menhirs du pré Boyer, séparés chacun par 15 m. environ, bornes sacrées de direction. Cette poype n'a jamais été fouillée. Une autre butte entre le bourg et la Saône porte une vieille tour romaine commandant une large vue; il se peut que ce soit une poype primitive; d'autres molards descendant au Sud vers la Crost, Préty ont disparu.

Ozenay, dép. Saône-et-Loire, cant. de Tournus. — 1 molard.

Odenas, dép. Rhône. — 1 dite de la Poyebade *ou* Poype Badot. Piste gauloise du gué de Grelonges au Charolais et à Autun, par les cols de Poyebade, Crie et Chamjoint. Existait à l'angle d'un vieux chemin appelé Chemin Romain et de celui des Lites; fossé circulaire; dents de chevaux et bœufs carbonisées. Nombreux silex dans les environs. On y avait construit une chapelle dite de Rimand, transmission de caractère sacré. Tout est démoli.

Pleure, Bresse Jurassienne. — 1 dite Moû (Mont) de Pleure. Ruines d'un château à côté.

Poyebade (Col de la), dép. Rhône. — (V. Odenas.)

Source sacrée de Brouilly voisine. La poype devait surveiller (bade, badot, v. f. : vigie, surveillant) le passage et l'indiquer de loin aux voyageurs de la plaine, car le Mont Brouilly masque le col.

Pierre, dép. Saône-et-Loire, Bresse Louhannaise. — 1 gros tumulus au-dessus du village. Traces probables d'un cromlech. Voie romaine, nombreux restes gallo-romains.

Préty, dép. Saône-et-Loire. — (V. Lacrost). Nombreux poypons disparus ou très abaissés dans les prairies jusqu'à la Truchère; le territoire était autrefois entrecoupé de petits lacs et chaque îlot portait une butte, molard ou murger; une grande poype au Sud a encore 55 m. de circonférence.

La Pape ou *La Pouape,* dép. Ain. — (V. Rillieux). Cette butte a donné son nom à deux familles, Pape et de la Pape.

Parcieux, dép. Ain, arr. Trévoux. — 1 voisinage de la Saône, détruite depuis fort longtemps. Vieux château. Piste vers un gué de la Saône qu'on passait au Port des Trois Pierres, menhirs jalonneurs en prolongement de la poype.

Le Péage, dép. Ain. — (V. Abergement-Clémencia.)

Percié, dép. Ain. — (V. Cormoranche.)

Pirajoux, dép. Ain, arr. Bourg. — 1 au lieu-dit Le Mollard ou Moulard, près du hameau de Romanèche. Sources. Pistes gauloises et romaines.

Polliat, dép. Ain, arr. Bourg — 1 près la voie romaine de Mâcon à Brou. Etangs. Aiguade et gué de la Veyle.

Pont-de-Vaux, dép. Ain, arr. Bourg. — 1 poype, château et fief du Petit Marmont *(Malus Mons)* possédés par une famille de la Poype. Dans certaines parties de la Bresse, la poype était l'objet de légendes lugubres et plusieurs portent en souvenir le titre de « Mauvais Mont ».

Pont-de-Veyle, dép. Ain, arr. Bourg. — 1 dite de Jadière, disparue *(Poypia* Jadiry, 1272). Fief. Voie romaine. Lieu-dit « La Salle » *(Sala,* 1168).

Pressiat, dép. Ain, arr. Bourg — 1 dite Les Terreaux, comme à Ambronay. Fief de Lintoyes.

Priay, dép. Ain, arr. Bourg. — 1 au lieu-dit La Poipe, près de l'étang La Poëpe; voie romaine secondaire. Gué de l'Ain.

Proulieu, dép. Ain, arr. Belley. — 1 près du Rhône. Château bâti en 1300. Lieux-dits : Les Salettes et la Pierre branlante de Ruffieu (voisine).

Rancé, dép. Ain, arr. Trévoux — 1 dite de Limandas (Alimandacum). Source du Fontbleins. Piste vers la Saône, venant de Toussieux et Mizérieux.

Relevant ou *Saint-Cyr-de-Relevans*, dép. Ain, arr. Trévoux. — 1 dite Poype de Chabonne d'après Philippon; Guigue la situe par erreur à Saint-Cyr-sur-Menthon. Etangs. Lieu-dit : La Pierre.

N. B. — Philippon place à tort à Relevant la poype de Conflenz qui, exactement, doit être placée au confluent du Menthon et du Chevalqueue.

Replonges (Ripa longa), dép. Ain, arr. Bourg. — 1 appelée Le Molard, à 3 km. du bourg. Piste préhistorique et voie romaine. Le pré entre Replonges et la Saône se nomme Le Molard, quoique la butte ait disparu. Gué de l'Ile de la Palme.

Reyrieux, dép. Ain, arr. Trévoux. — 2 : l'une d'Herbevache *(Alba vacca)*, surmontée d'une tour; nivelée en 1850. L'autre, du Vieux-Châtel, château en ruines depuis 1320; reste un petit morceau de la poype. Voie romaine. Piste venant de Toussieux où se trouve le menhir de Pierre Mignon, actuellement presque renversé, de la Thorine (Thorione) et de Fourvière *(forum vetus)*, menant aux Trois Pierres, gué, silex, débris (V. Mizérieux).

Rignieu-le-Franc, dép. Ain, arr. Trévoux. — 1 au lieu-dit Le Mollard. Quelques débris romains. Retranchements mystérieux dans les bois de Samans.

Richemont, dép. Ain. — (V. Sandrans et Villette.)

Rillieux-la-Pape, dép. Ain, arr. Trévoux. — 1 à La Pape, au S.-O. Maison forte. Fief. La poype a été divisée en deux par les cultivateurs, mais elle est encore bien reconnaissable, avec ses amas de terre gazonnée.

Riottiers, dép. Ain, arr. Trévoux. — 1 surmontée aujourd'hui d'un pavillon à l'Ouest, restes de deux murs d'enceinte épais de 2 m. Belle vue sur la vallée de la Saône. Voie romaine; lieu de passage probable des Helvètes vers la Saône. Nombreux débris de diverses époques, au pied même de la poype. Selon Val. Smith et Steyert, les Helvètes et les Romains ont dû utiliser cette butte comme retranchement provisoire, ce qui explique le nombre et la variété des armes y découvertes. En face, du côté de Villefranche, nombreux foyers, poteries de l'âge du bronze, briques romaines. Une tradition régionale dit qu'un chef romain a été enterré dans la poype de Riottiers; après la bataille, chaque soldat apporta un peu de terre dans son casque et le jeta au passage sur le corps du glorieux légionnaire!

Romanèche, dép. Ain, arr. Bourg. — 1 au hameau de Replonges, lieu-dit Le Moulard (Cassini), réduite à 1 m. de haut et aplatie. Steyert, à propos du nom de Romanèche, évoque une origine slavonne : Romatnik, lieu de rassemblement, de ralliement. Ne serait-ce pas une poype d'étapes nommée par une peuplade nomade d'origine slave? Il est permis d'hésiter.

Romans, dép. Ain, arr. Trévoux. — 1 au lieu-dit Le Mollard et le Château. Champ du Fossé et La Salle. Le château existe encore. Aiguade du Renon.

Ratte, dép. Saône-et-Loire, arr. Louhans. — 1 citée au xiiᵉ siècle. Source.

Romenay, dép. Saône-et-Loire, arr. Louhans. — 1 molard. Piste gauloise. Voie romaine.

Rochetaillée, dép. Rhône. — 1 sur voie romaine de Lyon à Tournus. Passage de Saône. Château-fort, poype, donjon et fossés à l'intérieur du château.

Sachins (Chassin), dép. Ain, arr. Trévoux — 1 appelée Terre de la Poype, au Sud de Vonnas. Château détruit à la fin du xiiᵉ siècle; poype complètement nivelée. Haches en pierre polie aux environs.

Saint-André-de-Corcy, dép. Ain, arr. Trévoux. — 5 d'après Guigue; grand carrefour de pistes; région d'étangs. Voie romaine. Haches en pierre polie aux environs des poypes.

Poype de Breignans ou Braignan. Fief. Avait encore ses fossés en 1650. Butte disparue.

Poype de Corcy (Poypia de Corzen). Fief et château-fort. Cône très pointu, pente escarpée, diamètre rétréci. On y a retrouvé des tuiles plates romaines et une lampe de bronze à trois becs.

Poype de Rozières ou Roussières, nivelée; reste le pourpris avec des débris de pierres au milieu. Fief.

Poype de Raclet. Château détruit; fief. Entièrement nivelée on n'y a rien trouvé, ni armes, ni ossements, ni cendres.

Poype de Sure ou Sura (cf. le Mont Saura d'Ambronay). Château détruit, puis rebâti en 1650, existe encore; poype nivelée; reste le pourpris.

Saint-André-d'Huiriat (Uriacum, Ancien Cimalocus), dép. Ain, arr. Bourg. — 2, dont une dite de Clavagris ou Clavages. « Maison forte avec pourpris et fossés et huit copées de terre ». Lieu-dit : La Poype. Trois haches en pierre polie y ont été trouvées, cas assez rare. — L'autre, dite de la Falconnière, avec pourpris. Fief.

Saint-Bénigne, dép. Ain, arr. Bourg. — 1 à Mérages. Fief avec *domus fortis*. Cf. Mérèges, poype de Saint-Didier-sur-Chalaronne, tous les deux probablement altération de mergères, murgers, tertres indicateurs de limites et de pistes. Débris antiques. Piste gauloise et romaine.

Saint-Benoît-de-Cessieu, dép. Ain, arr. Belley. — 1 au lieu-dit Le Mollard, en face des poypes de Creys (Isère) et des autres molards qui jalonnent le fleuve sur sa rive gauche.

Saint-Cyr-sur-Menthon, dép. Ain, arr. Bourg. — 2 : l'une, dite de Conflens ou de la Mare, au confluent du Menthon et du Chevalqueue, à 400 m. de l'église; maison forte, donjon, fossés actuellement détruits (*Poypia* de Conflenz, 1299); elle avait 65 m. de diamètre à la base, 10 m. de haut, et une plate-forme de 14 m.

de large. — L'autre, dite de Trévernay, ou Tresverney, « *Domus de Tresverneis cum poypiâ* » (Guich.). Château et tour de l'Evêque (construite par Jean de Macet, évêque de Mâcon). Cette poype existe encore, assez belle, 12 m. de haut et entourée de chênes.

N. B. — Philippon met à Relevant la poype de Conflens; Guigue la situe à Mézériat; il n'y a pas de confluent dans ces deux communes.

Saint-Didier-sur-Chalaronne, dép. Ain, arr. Trévoux. — 2 : la première, dite de Mérèges ou Mérages, près la Saône. Fief avec maison forte; le château a disparu depuis 1406; traces de la poype; connue déjà en 960-61, sous le nom de Meralgas, Mélerges. — La seconde, dite de Mizériat, la plus importante. Son seigneur était en même temps Seigneur de Mérèges. Au Nord de Saint-Didier. Château et fossés avec jardins et chapelle; tout a disparu; la chapelle rurale était sous le vocable de Saint-Eustache de la Poype, 1315. Chemin gaulois. Voie romaine. Pistes vers la Saône au port d'Ansilla (la petite courbe). Débris préhistoriques. Plusieurs lieux-dits La Poype, ce qui porte à croire qu'il y avait d'autres buttes coniques dans le voisinage.

Saint-Etienne-sur-Chalaronne, dép. Ain, arr. Trévoux. — 3 : une à Barbarelle, hameau et source fluente, lieu-dit : Le Château. Fief XIᵉ siècle. Disparue. — Une autre sur le Montpopier *(mons popili, pupili)*. — La troisième, d'après Philippon, Poype de Laysens ou Leysens. Fief.

Tombes et débris d'armes dans le voisinage. Pistes.

Saint-Etienne-sur-Reyssouze, dép. Ain, arr. Bourg. — 1 dite La Pouape au cadastre, près la Reyssouze. Lieu-dit : Montjovent *(Mons Jovis)*.

Sainte-Euphémie, dép. Ain, arr. Trévoux *(Ager Juviniacensis)*. — 1 dans la direction de Rancé. Jalonnement vers la Saône. Haches en pierre polie trouvées à proximité de la poype. (V. Mizérieux.)

Saint-Genis-sur-Menthon, dép. Ain, arr. Bourg. — 2 : une, dite de Nécudey ou Néqudey, au Sud, *domus cum totâ forteressiâ* 1272. Fief. — L'autre, dite de Collonge, à l'Est. Château 1365. Gués sur le Menthon. — Ces deux poypes, assez belles, existent encore.

Saint-Germain-d'Ambérieu, dép. Ain. — (V. Ambérieu-en-Bugey.)

Saint-Germain-sur-Renon, dép. Ain, arr. Trévoux. — 1 au lieu-dit : La Salle, près du Renon. Sources.

Saint-Germain-du-Bois, dép. Saône-et-Loire, arr. Louhans. — Plusieurs poypes et maisons fortes; nombreux débris gallo-romains. (V. Bosjean et Diconne.)

Saint-Jean-sur-Reyssouze, dép. Ain, arr. Bourg. — 1 au lieu-dit Le Mollard. Sources.

Au Montéfanty voisin (Mont des Enfants), où l'on enterrait des petits mort-nés, il est fort probable que l'éminence a été une poype aujourd'hui déformée.

Saint-Jean-de-Thurigneux, dép. Ain, arr. Trévoux. — 2 : la première, dite de Ligneux (Lehennacus). Tour de Ligneux; château et prieuré qui ont disparu; il reste la poype et les fossés. L'ancienne tour était octogone et les murailles en briques. — L'autre, dite d'Arcieux (*arx*, citadelle). Château disparu. Etangs.

Saint-Jean-sur-Veyle, dép. Ain, arr. Bourg. — 1 dite de Broyère, près de la Veyle et du Menthon. Piste. Fief et maison forte appelés Molard de Saint-Jean en 1536. Lieu-dit : Les Meurs ou Mures, anciens retranchements.

Saint-Martin-du-Mont, dép. Ain, arr. Bourg. — 1 dite Le Molard. Sources. Col de pénétration. Lieu-dit voisin : La Salle ou Sales.

Saint-Maurice-de-Gourdans, dép. Ain, arr. Trévoux. — 1 au lieu-dit Pollet, à l'Ouest. Confluent de l'Ain et du Rhône. Pistes. Butte de 10 m. haut; tour et ruines au sommet.

Saint-Maurice-de-Rémens (de Romanis), dép. Ain, arr. Belley. — 1 dite Molard des Fourches, carrefour, non loin du menhir disparu de Petra Crispa. Voie romaine. Confluent de l'Albarine voisin.

Saint-Nizier-le-Bouchoux, dép. Ain, arr. Bourg. — 1 au lieu-dit Le Molard, entre la Sane Vive et la Sane Morte. Piste.

Saint-Sulpice, dép. Ain, arr. Bourg. — 3 dont la plus grande est au centre. « *Poypia sancti Sulpicii sita inter duas poypias* 1272 »; les deux petites sont à 60 m. au N.-E. et au Sud, à peu près même distance. — La grande est très belle, motte, cour et puits bien conservés. Diam. 70 m. à la base, 16 m. à la plate-forme, 16 m. haut. Pourpris arrondi de 150 m.; fossés toujours remplis d'eau. Lieu-dit : La Poëpe. Sources. Pistes gauloises.

Saint-Sulpice, dép. Saône-et-Loire, arr. Cuiseaux. — 2 : l'une, Le Morin ou Murin de Saint-Sulpice, l'autre, sur le Mont Février, existaient encore à la Révolution; ont disparu en 1815. Semblent avoir joué ici le rôle de frontière. Hameau de Marcia (Marche). Les buttes du Mont Février, appelées Brennoz, avaient encore 40 pieds au xvie siècle; Brennoz nous semble une altération de Blenos, Belenos, car il y avait un culte au dieu Soleil sur cette montagne; on y brûle, en souvenir traditionnel, des feux à la Saint-Jean. (V. Cuiseaux.)

Saint-Trivier-de-Courtes, dép. Ain, arr. Bourg. — 1 au Nord de la ville, autrefois munie d'une tour, donjon en bois, entourée d'une palissade. Il existe encore des traces de fossés du côté du chemin de l'Hôtel-de-Ville et du clos de l'Hôpital. La butte avait 15 pieds de haut, 35 toises de circuit. Voie romaine. Plusieurs molards aux environs.

Saint-Vulbas (Bormana fons), dép. Ain, arr. Belley. — 2 : l'un, Molard Montbren ou Montbrun, dans la plaine à l'Ouest; l'autre, Molard de Mont-Talien; tous deux de forme ovale avec fossés, débris préhistoriques. Traces de castramétation aux environs. Sources abondantes. Passage de bacs sur le Rhône. Voie romaine.

Alex. Sirand signale trois mollards dans sa carte; nous présumons que le troisième est la butte de Mercour (1) (Souvenir de

---

(1) Cf. Solaize (mons mercurius).

Mercure, dieu des routes) près de Balan; on y trouve des débris gallo-romains et médailles.

Sandrans, dép. Ain, arr. Trévoux. — 1 dite de Richemont, près l'étang de la Pouape ou de la Gelinière. Maison forte de la Poëpe 1396; le châtelard était construit en dehors; son fief valait, au XIVᵉ siècle, jusqu'à mille livres d'or. Lieu-dit : Les Mures. Piste gauloise. La poype et le château subsistent encore au milieu du village.

Samans, dép. Ain. — (V. Chalamont.)

Saura(Mont), dép. Ain. — (V. Ambronay.)

Sermoyer, dép. Ain, arr. Bourg (Salmoïaccum). — 5, dont une seule très belle, existe à 1500 m. à l'Est du village. « *Mota seu Poypia apud Salmoya cum porpricio et fossatis*, 1288 » (Guich.). Le château est disparu, les fossés existent encore remplis d'eau; butte de 55 m. diamètre à la base, hauteur 11 m.; plate-forme évidée en dedans à forme d'entonnoir profond de 3 m.; un souterrain, probablement œuvre du moyen âge, comme les fers de lance des fossés. — Les quatre petites poypes, dont rien ne subsiste, mais que les vieux du pays gardent en mémoire, sont rappelées par les lieux-dits du cadastre : Au Murret (butte, murger en patois), Le Muret des Goffres, Au Mur Badaud, non loin de Pont-Seille, Rippe des Grands, Rossets, poype boisée entourée d'un grand fossé. Sources abondantes. Voie romaine. Pistes vers la Saône et la Seille. Nombreux débris antiques. Lieu-dit : Le Molard et Montjangloux, Mont des Pleurs, assimilable aux monts Dolent de Bretagne et du Morvan.

Le souvenir des poypes se répercute dans l'anthroponymie de la contrée, où certains habitants se nomment Poïpon, Poppet, Pipet, Dupipet, etc.

Simandre, dép. Ain, arr. Trévoux. — 1 près de Chaneins et de Peyzieux. Piste préhistorique. Nombreux débris d'armes et outils de bronze, lames d'épée, chaînes, atelier de fondeur aux environs. — A remarquer que tous les Simandre, Cymandres, etc. de Bresse, Dombes, Mâconnais et Louhannais sont munis de poypes, molards ou de menhirs et de restes des premiers âges.

Sagy, dép. Saône-et-Loire, arr. Louhans. — 1 dite Murot des Tornes ou des Turies (D. Monnier), tours, anciens retranchements. Piste gauloise et romaine.

Saint-Sorlin, dép. Saône-et-Loire, arr. Mâcon. — 1 molard. Piste gauloise. Culte antique de Saturne. Débris gallo-romains.

Sainte-Cécile-la-Valouze, dép. Saône-et-Loire, cant. de Cluny. — 1 molard. Gué. Voie romaine.

Sainte-Croix, dép. Saône-et-Loire, arr. Louhans. — 1 près du Solnan, appelée la Citadelle, jalonnement vers la Bresse.

Sens, dép. Saône-et-Loire, cant. de Saint-Germain-du-Bois. — 1 dans la prairie, limite de la commune; elle portait autrefois un grand chêne, sous lequel le Seigneur rendait la justice. Débris romains.

Seugny, dép. Saône-et-Loire, hameau de Château-Renaud. — 1 tumulus. Médailles. Taureau de bronze gaulois. Voie romaine.

Simandre, dép. Saône-et-Loire, Louhannais. — 1 de grandes dimensions, indiquée par les cartes modernes sur un plateau de la rive gauche de Saône. Pistes antiques. Plusieurs tumuli entre Simandre, Loisy et Ormes, éventrés ou disparus.

Simard, dép. Saône-et-Loire, arr. Louhans. — 1 petite. Piste prégauloise et gauloise.

Saint-Amour, dép. Jura, arr. Lons-le-Saunier. — 1 sur piste gauloise et voie romaine. Débris gallo-romains. Ancien *oppidum* de Vincia.

Saint-Romain-de-Popey, dép. Rhône, arr. Villefranche. — 1 avec grand murger sur le Mont Popey ou Popée. Débris de murs, tuiles à rebord, briques, vases gallo-romains. Fossés. Silex taillés et pointes de flèches sur les pentes. Le tertre avait 12 m. de haut, le contour 104; diamètre de la plate-forme, 11 m.

Il est évident que la poype primitive a été occupée par les Romains; leur poste a même reçu l'honneur d'être appelé Camp de César, Bains!!! de César, et quelques érudits audacieux ont tiré d'un prétendu nom de *Vicus romanus Poppea*, donné à ce poste, une légende sur Poppée, concubine de Néron. Le baron Raverat, toujours fantaisiste dans ses étymologies, et ses récits historiques, traduit Popey par Po-Pe, petite montagne! *Beati fidem possidentes.*

Sancenne, Sencenne, dép. Jura, hameau de Chapelle-Voland. — 1 motte entourée de fossés, sur la Braine; le nom de Sancenna, issu de Sancus, semble autoriser la croyance que cette poype eut un caractère sacré.

Senay, dép. Jura, au Nord d'Orgelet. — 1 tumulus; hachettes en bronze aux environs; médailles gauloises et grecques.

Solaize, dép. Isère, sur l'Ozon, entre Feysin et Saint-Symphorien — 1 grand tumulus, non loin de la voie romaine (colonne milliaire). Autrefois *Mons Mercurius*. Indiquait le confluent Ozon-Rhône et probablement un gué voisin, piste préhistorique et ensuite gauloise. Peut-être aussi borne limite entre les Ségusiaves et les Allobroges.

Sugny, dép. Jura, arr. Lons-le-Saunier. — 6 buttes, moitié poype, moitié tumulus. *Oppidum* voisin. Hachette en bronze, médailles gallo-romaines. Voie romaine.

Torcy, dép. Saône-et-Loire, arr. Autun. — 1 au milieu des champs, mais se rapprochant du type tumulus sépulcral. Sources.

Tramayes, dép. Saône-et-Loire, arr. Mâcon. — 1 molard. Château de la Motte en ruines.

Trivy, dép. Saône-et-Loire, arr. Mâcon. — 1 molard. Carrefour voies gauloises et romaines.

La Truchère, dép. Saône-et-Loire, cant. Tournus. — 1 pendant de celle de Sermoyer (Ain), indiquant le gué de la Seille; nombreux débris de l'âge de bronze. Comme à Sermoyer, la grande poype a été rattachée à la grande ligne qui suit la Saône par des anneaux secondaires, les Murets de la Morte, sur la rive gauche de Seille, dont l'un, le Foulot, est ovale sur 25 m. de long et 17 large; le Murot de la Lyboz (Lie Boz) ou Molard

des Sablons; d'autres buttes, faible excroissance de terre, s'aper-
çoivent jusqu'à Préty; M. Jeanton (V. Lacrost) estime qu'elles
peuvent être une formation naturelle.

Thoissey, dép. Ain, arr. Trévoux. — 1 dite Poëpe de la Marche,
poype de frontière. Au confluent de la Chalaronne et de la Saône.
Piste antique. Voie romaine. Portus sur la Saône. Château-fort et
fief qui avait un droit de péage. La poype appartint longtemps
aux souverains de Dombes qui, grâce à elle, étaient « maîtres
d'empêcher les bateaux de passer », avaient la protection des
marchands et entretenaient le chemin de « tirage ». Le château
a disparu; la butte offre quelques restes dans le pré de Saint-
Girié ou pré de la Marche; les berges avoisinantes de la Saône
sont riches en débris des âges de bronze et de pierre.

Toussieux, dép. Ain, — (V. Rancé et Mizérieux.)

Treffort, dép. Ain, arr. Bourg. — 1 au Sud de la ville, lieu-dit :
La Mouronne. Col de pénétration, passage du bassin de l'Ain
au bassin de la Saône. Voies romaines. Débris préhistoriques dans
les environs.

Varambon, dép. Ain, arr. Bourg. — 1 poypon, Le Molard (de
Molario 1466). Maison forte. Piste. Nivelé.

Varax, dép. Ain, arr. Trévoux. — 1 munie d'un donjon et de
fossés, enfermée dans l'intérieur du château qui fut détruit par
Biron. Fief. Voie romaine. Etangs.

Versailleux, dép. Ain, arr. Trévoux. — 1 au lieu-dit Château de
terre. « *Castrum de Vassaliaco*, mayson fort de Vassalen ». La tour
est démolie; quelques soubassements de murs restent encastrés
dans les maisons du village. Voie secondaire gallo-romaine.

Villars-lès-Dombes, dép. Ain, arr. Trévoux. — 4 . Groupe de
poypes en cercle indiquant probablement quatre orientations différentes et directions de pistes; elles se nomment :

P. Filioli, Filiolier, rasée en 1847. Cf. P. de la Féole (Abergement).

P. de la Juire, au milieu d'un étang. Nivelée.

P. de Termans ou Terment (terminus), encore entourée de fossés
et couverte d'arbres, sur la route de Birieux.

P. de Villars, la plus grande et le plus beau type qui nous reste,
étudiée par plusieurs auteurs régionaux qui, malheureusement, l'ont
prise pour prototype et tiré de ses constructions féodales des
déductions trop absolues. « *Feudum de poypiâ, castro et burgo
de Vilars* 1338. » Château démantelé en 1595 par Biron, existait
déjà en 1030; il en reste des pans de murs imposants; la poype
est entourée d'arbres et souvent reproduite en cartes postales;
on voit encore les fossés intérieur et extérieur, la cour et le pourpris. — Toutes, les fouilles effectuées ont donné des résultats
intéressants et fait remarquer que les couches de maçonnerie sont
d'époques différentes.

La hauteur était de 16 m. 50 environ au-dessus du sol; le diamètre de la plate-forme, 14 m. 60; le cube total de terre 15000 mc.
On a retrouvé des souterrains voûtés, des meurtrières de style
ancien roman, une chapelle du xiie siècle, une tour en briques du

xvi⁰ siècle; puis, comme débris, quelques ossements humains et animaux, des monnaies féodales du xvi⁰ siècle; les cendres, comme celles de beaucoup d'autres poypes à château, ne sont autres que celles de l'incendie provoqué par Biron. (Pour détails, lire le consciencieux travail de M. J. Buche, *Lyon*, 1899.)

Villeneuve-Agnereins, dép. Ain, arr. Trévoux. — 1 dite de Graveins ou Gravanis. Château déjà ruiné en 1523; il reste la butte et les fossés. Source de la Mâtre.

N. B. — Il y avait à Villeneuve une autre maison forte, dite de la Motadès (*castrum* 1325); le nom de Motte-Adès permet de penser qu'il y a une poype, mais il n'en reste aucune trace.

Villette-sur-Ain, dép. Ain, arr. Trévoux. — 1 dite de Brona ou de Richemont, près d'une très belle source (Bebrona) qui servait d'aiguade et de station d'eau minérale; les Gaulois et les Romains y firent des cures; on y a retrouvé des amulettes votives spécifiant en images grossières les maladies guéries; par tradition, la source demeura sacrée pour les chrétiens qui la fréquentèrent et, plus tard, y vinrent en pèlerinage. Une chapelle à N.-D. de Pitié dans l'église de Brona s'associait au culte de la fontaine. Etang de la Poype. Piste gauloise. Vieux château, mais rien sur la butte elle-même; fouilles improductives.

La Poype, isolée entre deux vallons, avait une hauteur de 20 m. et 155 m. de circuit à la base; son cadre en plein bois est des plus pittoresques. — Aux environs, substructions d'un village gaulois.

Viriat, dép. Ain, arr. Bourg. — 1 au Nord, disparue depuis très longtemps. Lieux-dits : Les Merciers (mergiers, murgers), La Salle (Sales, 1468), Les Salet, généralement voisins d'une poype.

Virignin, dép. Ain, arr. Belley. — 1 au lieu-dit Le Mollard, sur un mamelon commandant la vallée du Rhône. Piste antique et romaine, voisinage de la grande station préhistorique de Pierre-Châtel.

Vonnas, Ain, arr. Trévoux. — 1 dite de Marmont *(Malus mons, in malo monte,* 993) Lieu-dit : Terre de la Poype, près du confluent de la Veyle et du Renon. « *Domus de Malmont cum totâ forteressiâ, receptaculo et fossatis* 1272 », à peu près nivelée. Sources (Avonas). Silex et haches aux environs. Il y avait à Vonnas plusieurs autres maisons fortes : Béost ou Bayot, Guerri et Bèze-même *(Batesia maxima),* mais aucune tradition de poypes ne s'y attache. Lieu-dit : Cimandres.

Varenne-Saint-Sauveur, dép. Saône-et-Loire, arr. Louhans. — 1 dite Château de l'Ile (D. Monnier). Lieu-dit : Le Molard.

Vérizet, dép. Saône-et-Loire, cant. de Lugny. — 1 molard, jalonneur de piste antique.

Villars (Le), près Tournus, dép. Saône-et-Loire. — 1 poypette tumulus, hache antique à côté. Voie romaine. Nombreux débris et monnaies gallo-romaines.

Vincelles, dép. Saône-et-Loire, Louhannais. — 1 tumulus, sur les bords de la Seille.

Vaugris, dép. Isère, à 9 km. de Vienne, Sud. — 1 au lieu-dit

La Poipe, rive gauche du Rhône, jalonnement de gué probable; restes très apparents d'un château dans le voisinage immédiat de la butte. Une mine de zinc a attaqué les derniers vestiges de la poype et a pris son nom (Mine de la Poype de Saint-Christ), com. de Reventin.

Vers-en-Montagne, dép. Jura. — 1 très antique, signalant un défilé difficile entre Vers et Andelot, retranchements nommés Motte de Malpas *(Malus passus).*

Vertrieu, dép. Isère, cant. Crémieu. — 1 en face de la boucle du Rhône, signalant un passage. Château voisin sur un rocher, ayant appartenu aux Seigneurs de la Poype-Vertrieu.

Vienne, dép. Isère. — 1 dite La Papette, à l'Est, disparue.

Ville-sur-Jarnioux, dép. Rhône, arr. Villefranche. — 1 de 12 m. haut, au Cret de Py (Cf. Savoye). Traces d'un ancien fossé de 7 m. de large. Tombes du xe et xie siècles. A proximité, source païenne christianisée par une chapelle de Saint-Clair; l'eau est réputée bonne pour la « clarté » de la vue; pèlerinage. La poype a sa légende de trésors, comme celle d'Ygé et plusieurs autres; on doit y découvrir un veau, un bélier, un mortier avec son pilon, le tout en or massif, et les familles propriétaires la gardent en indivis avec un soin jaloux pour le jour, hélas! mystérieux, où les blocs dorés seront exhumés. Souterrains. Piste gauloise. Voie romaine.

Vions, dép. Savoie. — 1 molard, ancienne piste *(vium,* vion).

CHAPITRE V

Folklore

Les poypes ont frappé l'imagination populaire des Bresses et leurs légendes ressemblent à celles de Bretagne, du Morvan, Forez, Beaujolais. Il s'agit d'abord des revenants, guerriers ou seigneurs qui y auraient été ensevelis, d'où le nom de Marmont *(Malus Mons)* laissés à quelques-unes (Bény, Vonnas, Vandeins, etc.); puis des souterrains recelant des fortunes extraordinaires dont jamais on n'a découvert l'entrée, d'où les imprudents sont chassés par des forces occultes; enfin, des inévitables fées, qui circulent autour. Dans beaucoup de villages de la côtière de Saône, les vieilles femmes assurent que les poypes sont habitées par des esprits follets, soit en terre, soit dans les buissons de l'enceinte sacrée. Chaque dimanche, ils se rendent incognito à l'église et l'on reconnaît leur piste dans les chenevières, à la couleur jaune du chanvre qu'ils ont foulé en passant; la nuit, ce sont des rondes autour de la butte, en costumes blancs.

Quelques poypes sont affectées à recevoir les corps des enfants mort-nés; on y élève alors une croix et une petite chapelle. Mais il est constant que ces monuments gardent encore la tache origi-nelle du paganisme antique; les croix ou autres emblèmes chré-tiens y sont très rares.

Nous appellerons, dans le même ordre d'idées, l'attention des folkloristes sur la tendance instinctive et bizarre qu'ont certaines troupes de Romanichels à s'arrêter, de préférence, auprès des anciennes poypes et à y travailler le cuivre, à l'image de leurs nomades ancêtres, chaque fois qu'elles traversent la Bresse et la Dombes; un instituteur, très ouvert aux recherches historiques et fort observateur, M. Bony, de Grièges, a bien voulu me confirmer l'exactitude de ce fait en ce qui concerne Sermoyer, le village des poypes par excellence; tous les 25 ou 30 ans, une bande de Bohémiens venait y camper, toujours au même endroit.

Pour terminer, répétons que plusieurs noms de vieux résidents de Bresse et de Dombes rappellent les buttes de terre dont leurs ancêtres étaient voisins (Pape, Poëpe, Pouape, Poypon, Poppet, Poupet, Pipet, Pupet, etc.). Plusieurs familles nobles se sont nommées « de la Poype, Poipe ou Pape » (1). D'après le *Labou-reur* (mas. Ile-Barbe), les armoiries des La Poype Dauphinois étaient « de gueules à la fasce d'argent, identiques à celles de la maison impériale d'Autriche », détail assez peu connu.

CHAPITRE VI

Etymologie du nom
et comparaisons avec les monuments similaires

Le terme « Poype », si particulier à la région des Bresses et du Dauphiné, a suscité plusieurs explications; la plus courante est le sens de *podium*, latin médiéval, qui applique à tort au som-met d'une montagne l'image linguistique donnée par le latin pur et le grec pour le pied et la base; la mutation des lettres *d*

---

(1) Aubret cite un Oldéric Poupet, xe siècle, dont le doublet était Old. de la Poype.

et *p*, très contraire aux évolutions linguales, ne nous permet pas
non plus d'accepter cette première version.

M. Alonso Péan a cherché une racine celto-kimri *beb, pep, pip*,
qui signifierait grosseur, renflement, éminence! — Ducange appelle
poypia une *domus rustica*, prenant l'effet pour la cause, c'est-à-
dire la masure occasionnelle posée sur une poype pour le monti-
cule lui-même.

L'abbé Marchand a proposé *podium pium? podium oppidi?*
puis *puppia, poppia*, bas latin, mamelle, mamelon; à l'honneur de
son discernement, il penchait surtout pour la dernière solution.
Mgr Devaux a rattaché le *Poëpi* dauphinois aux *poupé* et *poupet*,
patois du Dauphiné et des Dombes, même sens que le latin
puppia. C'est, à notre avis, la véritable étymologie, car Poype
se présente dans les archives anciennes sous les formes variées
de Pouape, Poupe, Pouppe, Poppe, Poppey, Poupiau, Poppiau; et
son caractère de terre arrondie, en pointe comme le sein ou la
mamelle, répond exactement au *pupa* latin, dont nous avons tiré
poupon et poupée, et à la *puppis*, poupe de navire, partie gonflée
et arrondie.

Il est utile de faire remarquer aussi que plusieurs poypes du
xi⁰ au xiii⁰ siècle ont été dénommées *Bodella, Budella, Butella,
Buella*, vocables parents de notre butte moderne et du germano-
burgunde *Bud, Bod, But*, gros, enflé, amas de terre, mamelon;
traduction du latin *pupa* et *puppia*. Les poypes de Buellas, Bu-
tentuit ou Botentut (Montluel), Bullion (Béreins) sont intéres-
santes à ce point de vue.

Ainsi que nous l'avons indiqué plus haut, la butte de terre
sacrée, borne frontière ou grand jalon, qui a pris dans les Bressés
le nom de poype n'est pas unique comme exemple, on la
retrouve un peu partout dans les lignes de mouvements nomades
des peuples primitifs. Les *Mané* et *Galgal* bretons ont une renom-
mée archéologique encore plus étendue; leur vrai but visait à des
directions terrestres et maritimes; ils étaient pour les Ligures,
Grecs, Phocéens ou Gaulois caboteurs de très précieux « amers »
et M. Camille Jullian (*Hist. de Gaule*, T. i) en a bien deviné le
rôle, quand il écrit : « Les buttes des caps armoricains comme des
îles provençales dominaient le pays environnant, ainsi qu'un sommet de montagne domine la plaine. Aujourd'hui encore, les tertres
funéraires de Gavrinis, Saint-Michel de Carnac, Tumiac, Mané er
Hroeck sont de véritables collines commandant à de vastes espaces
de terre et de mer. » A notre avis, l'adaptation funéraire des
Mané n'a été consacrée qu'après coup, longtemps après l'utilisation
pratique.

Dans le Jura, la poype est souvent qualifiée de *Toppe* (Top,
zopf, vieux et nouveau germain); elle affecte aussi la forme conique, mais se remarque aux cols ou sur plateaux.

La Sardaigne a ses *Nuragues*, tertres en cône, souvent bâtis en
terre, quelquefois à base de pierres énormes, sans fenêtres sur
l'intérieur quand il est creux, mais munis d'une porte latérale; ces
« nuraghe ou noraghe » sont toujours placées en des lieux isolés;

dominant terre et mer, à l'exemple des Mané; elles semblent avoir eu la destination de refuges sacrés.

Le *Monmouth* d'Ecosse (grande motte) n'est en réalité qu'un Mané breton. Quant aux *Terpen* et *Dunbey* du Danemark, de la Suède et de la Norvège, ils donnent exactement l'image de nos Poypes et D. Monnier a été conduit à penser que le nom de Dombes, pays si riche en poypes, encore mal expliqué, viendrait du Dunbey scandinave; cette hypothèse n'offre rien d'antiscientifique.

Finissons en ajoutant que beaucoup de mottes et surtout de Molards dans nos régions sont des débris d'anciennes poypes. La véritable motte féodale, emplacement d'un donjon et quelquefois siège du tribunal seigneurial, entre dans la toponymie de nombreuses parties de la France où la poype est inconnue.

La côte du Portugal possède une certaine quantité de buttes de terre et pierres assimilables, comme formes et intention directive, aux Mané de Bretagne; nous n'avons pas pu savoir le nom générique qui leur est donné dans la langue du pays.

CHAPITRE VII

Résumé et Conclusions

Nous pensons avoir développé la question des Poypes avec tous les renseignements nécessaires pour que les érudits tirent eux-mêmes une conclusion; jusqu'à ce jour, que nous sachions, aucune synthèse n'a été faite, et ce n'est pas avec des brochures descriptives isolées qu'on pouvait se créer une opinion. Les chercheurs sincères nous pardonneront donc la longueur de nos explications et peut-être la répétition de quelques détails frappants.

Pour rester impartial, nous donnons encore un aperçu des diverses théories émises, en nous permettant toutefois de signaler leurs points faibles; le lecteur appréciera.

M. *Chantre*, le savant auteur de tant de travaux paléontologiques, fait remonter les poypes à l'âge de pierre; nous partageons cet avis, mais nous nous écartons de lui, quand il laisse entendre qu'elles étaient le pivot d'habitations surélevées au-dessus des marais de Dombes; beaucoup de ces buttes ne sont pas dans des bas-fonds marécageux. Et puis, ainsi que le remarque logiquement *Vingtrinier* la vie d'une famille était-elle possible en haut d'un pain de sucre « d'où, à chaque instant du jour, il eût fallu descendre pour aller aux provisions, remonter avec du gibier, de l'eau ou du bois? » Comment installer une résidence sur une terrasse de 4 à 5 mètres, 10 à 12 m. au maximum de diamètre? *Pommerol* (Dict. des Communes de l'Ain) a repris cette idée en disant que les poypes servaient sans doute à des habitations au-dessus de la couche des brumes qui rampaient sur le sol.

Péan et *Guigue* envisagent une ligne de frontières protectrice que les poypes rendaient sacrée. Comment expliquer l'irrégularité et l'enchevêtrement de ces lignes, le parallélisme des unes et la perpendicularité des autres? De plus, *Péan* assure que ces marches frontières ne pouvaient être habitées, défrichées, cultivées; l'apparition des « Salles » voisines, clairières de défrichement, la contiguité des sources où les migrateurs faisaient halte, la présence, au pied et aux environs des poypes, de silex taillés, haches de pierre polie, armes et outils de bronze, le mettent en contradiction formelle avec sa théorie.

Quelques *géologues* ne veulent reconnaître dans les poypes, tumuli, et même les pierres levées, que des amas glaciaires, des moraines; ce n'est pas un instant discutable.

Debombourg, (Atlas historique du département de l'Ain), pense que les poypes sont celtiques.

Le curé *Jolibois*, de Trévoux, a développé sur les mêmes buttes des dissertations d'une fantaisie déconcertante.

Riboud, D. *Monnier* et plusieurs érudits bressans y ont cherché des tombeaux de chefs ou de soldats; rares, très rares sont les fouilles qui révélèrent des ossements humains et des cendres, autres que celles des fameux incendies de Biron. Aucun sarcophage, aucune urne, aucun mobilier funéraire digne d'être cité. Les os recueillis appartiennent, en général, à des animaux, sangliers, ruminants, etc. La science répond donc aujourd'hui par une négation à une comparaison entre les poypes et les mané bretons, dont les souterrains ont donné le secret, en tant que monument funéraire.

L'abbé *Marchand* et le regretté *Déchelette* ont plaidé, comme nous l'avons dit dans l'Introduction, pour la poype strictement féodale; le nombre considérable de châteaux joints aux poypes semble, à premier examen, leur donner raison, mais les détails que nous avons réunis dans les Chapitres IV et III pourront rectifier, dans l'esprit de nos lecteurs, l'inexactitude d'une plaidoirie insuffisamment étudiée et trop préconçue.

Notre opinion personnelle, qui est partagée par notre ami, M. *Emile Chanel*, l'archéologue distingué de Bourg, reporte l'origine des poypes aux temps préhistoriques; nous estimons que leur principale destination était le *jalonnement* des pistes antiques, mais nous refusons d'être *absolu*; certaines buttes ont dû servir de bornes frontières, telle que celle de Thoissey-la-Marche;, quelques-unes ont pu être construites à titre de monuments commémoratifs, sur le modèle des monceaux de terre qu'élevaient les Hébreux et que mentionne la Bible, mais ce serait une exception à la règle. De toutes façons, la poype a précédé la période féodale, car elle a été utilisée, remaniée par les Gaulois et les Romains.

CHAPITRE VIII

Bibliographie

Album de la Saône (Ponts et Chaussées).

Archéologie (Bulletin Société Nationale d') 1885-1899.

Archéologie et Histoire (Société de Chalon-sur-Saône).

BERTRAND (A.). — *Archéologie celtique et gauloise*, 1889.

     — *La Gaule avant les Gaulois*, 1891.

BOSSI. — *Statistique générale du Dép. de l'Ain*, 1807.

BROUCHOUD. — Congrès archéologique de Vienne, 1879.

BUCHE (J.). — *La Poype de Villars*, etc., Lyon 1899.

CHANLIAUX. — *Antiquités de l'Allobrogie*, 1890.

CHANTRE (Ern.). — *Etudes paléontologiques du bassin du Rhône.
Nécropoles et tumulus*. Lyon, 1880.

Cartulaire Saint-Vincent, Mâcon (C. S. V.).

Cartes Cassini, Min. Intérieur, Etat-Major, etc.

COURTÉPÉE. — *Histoire de Bourgogne*, etc.

Cadastres des Communes.

CARTAILHAC. — *La France préhistorique*.

DEVAUX (Mgr). — *Essai sur la langue vulgaire du Dauphiné*.

DUCANGE. — *Dictionnaire de basse et moyenne latinité*.

DEBOMBOURG. — *Atlas historique du Dép. de l'Ain*.

DUBOIS. — *Monographie de Pont-de-Veyle*.

DÉCHELETTE. — *Manuel d'Archéologie*, tome II, p. 630, etc.

DUNOD. — *Histoire des Séquanais*, tome I.

FERRY (de) et ARCELIN. — *Le Mâconnais préhistorique*, 1870.

FEUVRIER. — *Enceintes antiques de la région de Dôle*, 1914

GUIGUE. — *Statistique historique de l'Ain*, 1873.

GUILLEMAUT. — *Hist. de la Bresse Louhannaise*, 1890-92, 1911.

GUICHENON. — *Hist. de Bresse et Bugey*.

HANNEZO (J.). — *Les voies antiques et romaines de l'Ain*.

     — *Les Simandres*, Société Naturalistes de l'Ain,
1910.

JULLIAN (C.). — *Histoire de la Gaule*, tome I et II,

JOLIBOIS (Abbé). — *Dissertation sur les Poypes*, 1841-1846.

JEANTON et RAVENET. — *L'ancienne paroisse de Préty-en-Mâconnais.*

LE LABOUREUR. — *Masures de l'Ile-Barbe,* tome I et II.

MARCHAND (Abbé). — *Etudes archéologiques.* Dép. de l'Ain, 1911.

— , *Les Poypes de Bresse* (Congrès d'Autun, 1907).

MATHIEU. — Société Imp. des Antiquaires de France, tome 27.

MONNIER (D.). — *Ann. du Jura,* 1860. Carte Séquanie.

MELCOT. — *Dict. historique du Jura.*

MORTILLET (de). — Musée préhistorique, 1903.

MELVILLE-GLOVER. — *Notice sur le Château de Montellier,* 1869.

PHILIPPON. — *Dict. topographique.* Dép. de l'Ain, 1911,

POMMEROL. — *Dict. des Communes du Dép. de l'Ain,* 1907.

RIBOUD (Th.). — *Monnaies et antiquités de l'Ain,* 1807.

RECLUS (E.). — *La Maison antique.*

RAGUT. — *Statistique dép. Saône-et-Loire.*

Revue du Lyonnais. Articles divers, 3ᵉ Série, tome II, et 1885.

SIRAND (Alex.). — *Courses archéologiques dans l'Ain.*

— — *Carte archéologique Dép. de l'Ain.*

STEYERT. — *Hist. de Lyon.* Livre I.

SUCHAUX. — *Dict. Communes Haute-Saône.*

SAVOYE (Cl.). — *Le Beaujolais préhistorique,* 1899.

Société Emulation de l'Ain, *Annales* et *Journal.*

VINGTRINIER (A.). — *Poype de Malafretaz,* 1885.

— *Etudes populaires sur la Bresse et le Bugey.*

VALENTIN-SMITH. — *Monographie de la Saône.* — Fouilles vallée du Formans.

Notes fournies par l'obligeance des Maires ou Instituteurs, etc. etc.